REPROGRAMANDO TU CEREBRO

Técnicas simples para vencer el miedo, la ansiedad y el pánico, mejora tu vida diaria aprovechando las bondades de la neuroplasticidad

LETICIA CABALLERO

TABLA DE CONTENIDOS

PRÓLOGO

Muchas personas libran una batalla diaria con un enemigo implacable, uno que nunca descansa y que conoce todos sus puntos débiles. Este enemigo es parte inseparable de su día a día, es tan feroz que se interpone en todo lo que hacen, ya sea en su casa con su familia o en la oficina con sus colegas y superiores. Estas personas pueden llevar de manera silenciosa esta lucha por largos y tormentosos años. Ese enemigo tan peligroso y que nunca descansa es su propio cerebro. ¿Nunca has sentido que tu mente está en tu contra? O, tal vez, ¿que tu cerebro hace que tus problemas se vean más grandes de lo que realmente son?

Este tipo de pesimismo y ansiedad puede ser provocado por muchas razones, pueden ser inseguridades, traumas aprendidos en casa o generados por un evento desafortunado, puede ser resultado de un desequilibrio de la química cerebral o una lesión craneoencefálica, no importa la causa, es algo que en algún momento de nuestras vidas podemos padecer. Según la Organización Mundial de la Salud (OMS) una de cada cuatro personas será afectada por una enfermedad mental o neurológica en algún momento de su vida (OMS, 2001). Nadie está exento, puede sucederle a cualquier persona, la salud mental es un tema que debe ser discutido con mayor amplitud en todos los niveles de la sociedad.

En algún momento de nuestra vida podemos sentir que algo no está bien dentro de nuestra cabeza, pensamos que somos incapaces de resolver nuestros problemas, que no somos lo suficientemente listos o habilidosos para tener una vida exitosa o encontrar una pareja estable. Sentirse triste es algo común, es inevitable sentirse triste de vez en cuando. A veces, nos sumimos tanto en estos pensamientos que comenzamos a vivir de una manera sombría, llena de resentimiento, ansiedad y miedo. Estos estados mentales se pueden combatir, la neurociencia ha encontrado nuevas maneras de entender nuestros pensamientos y formas de reprogramar tu cerebro por medio de tu mente.

La neurociencia ha avanzado mucho en los últimos tiempos y puede ayudarte a realizar profundos y significativos cambios en tu mente y en tu vida. Los profesionales y expertos se han convencido de que el cerebro de un adulto no es un órgano definido e inalterable, sino todo lo contrario, cuenta con la habilidad de cambiar su estructura y funcionamiento en respuesta a los estímulos internos y externos. En pocas palabras, tu cerebro puede ser modificado por las cosas que piensas. Esta habilidad de nuestros cerebros de modificarse por medio de nuestras conexiones neuronales es conocida como neuroplasticidad.

La neuroplasticidad es la habilidad que tiene tu cerebro de alterar su estructura por medio de nuevas conexiones neuronales. Los avances actuales de la neurociencia nos han demostrado que, contrariamente a lo que se creía en el pasado, nuestros pensamientos pueden alterar la estructura física de nuestra materia gris. Tus neuronas crean redes en tu cerebro, dentro de esas redes se almacena la información que te hace aprender cierto tipo de habilidades. Estas redes no son permanentes, cambian su forma dependiendo de los estímulos que reciban y la frecuencia con la que uses esas habilidades.

En pocas palabras, cuando cambias tu forma de pensar, estás cambiando tus conexiones neuronales y, por ende, estás cambiando tu cerebro. El cambiar tu forma de pensar puede llevarte a cambiar tu mentalidad, tus conductas, tus hábitos y tu vida entera. El primer paso que debes dar es tomar una decisión, el cambio solo es posible si dentro de ti realmente abrazas la idea del cambio, debes ser sincero y mostrar determinación, ya que no puedes engañarte a ti mismo, si la intención no es real, el cambio tampoco lo será.

Existen formas de mejorar tu vida en tu casa y en el trabajo, aquí puedes aprender algunas técnicas muy sencillas que te ayudarán a cambiar tu forma de pensar y actuar, siguiendo un proceso de aprendizaje y auto exploración que te llevará a conseguir un equilibrio emocional y mental, así podrás descubrir nuevas formas de comunicarte con tu cerebro. Todo esto es posible gracias a la neuroplasticidad, hay estudios que han demostrado que técnicas como las afirmaciones positivas o la meditación pueden transformar de manera radical tu mente y por ende tu vida.

Imagina los beneficios de no sufrir constantemente por las cosas que no puedes controlar, imagina cómo sería tu vida si tuvieras el poder de controlar todo lo que piensas y sientes. Todo esto se puede lograr a base de esfuerzo y disciplina, tu mente es como arcilla que puedes modelar. Tú eres el artista de tu pensamiento, tienes la capacidad de reprogramarte para vivir la vida que siempre has deseado. El camino a la superación puede ser largo y complicado, pero no es imposible, la experiencia nos demuestra que el cambio es posible y que todos pueden lograrlo si tienen la disciplina y la fe necesaria.

Dentro de este libro encontrarás información interesante sobre la manera en la que funciona tu mente y tu cerebro en su conjunto, también sobre la importancia que tienen nuestros pensamientos sobre nuestra vida y nuestras relaciones interpersonales. Pero esto no es todo, también te proporcionaremos una serie de ejercicios, estrategias y consejos prácticos que puedes implementar para modificar tu mentalidad, dejar de luchar contra el estrés, el pánico o la incomodidad en tu vida personal y profesional. Te aseguramos que de principio a final encontrarás información relevante que te permitirá ver la vida de otra manera.

¿Qué estás esperando para tomar el control de tu vida? Puedes sacar provecho de la neuroplasticidad para modificar tus neuronas, creando nuevas conexiones, llamadas sinapsis, y modificando tu forma de pensar, tu cerebro y tu vida por completo. Nuevas neuronas se crean al momento de tener experiencias nuevas, esta habilidad tiene aplicaciones en la realidad, los buenos y malos hábitos pueden ser modificados para aprender otros y al cambiar tu forma de pensar puedes lograrlo, modificas tu cerebro, creas hábitos positivos y productivos, lo que se traduce en una vida más plena.

Esta es la ocasión adecuada para tomar una decisión y cambiar, el potencial está dentro de ti, todo lo que te propongas puede ser conseguido si haces algo al respecto. El primer paso siempre será el más difícil, pero una vez que has comenzado y has resistido los primero días, gradualmente todo se volverá más fácil. Un hábito puede desarrollarse en solo 21 días, si superas este periodo de tiempo, es muy probable que puedas construir un comportamiento positivo.

Este libro será tu guía en el proceso de reprogramar tu cerebro por medio de las innovaciones de la neurociencia y sus aplicaciones a la vida cotidiana. Cambiar tu forma de pensar es solo el primer paso en el largo camino hacia la superación personal, si recuerdas seguir los consejos que te daremos en este libro podrás descubrir que tu cerebro puede ser tu mejor herramienta, solo es cuestión de que cambies los cables y establezcas una nueva forma de pensar y ver la vida.

CAPÍTULO UNO:

ENTENDIENDO LAS ENFERMEDADES

MENTALES

Es muy importante que antes de comenzar tomemos conciencia del problema que representan las enfermedades mentales en el mundo. Según la OMS alrededor del globo hay cerca de 450 millones de personas que viven con una enfermedad mental y casi

11

cerca de dos tercios de las personas que sufren de alguna condición psicológica nunca busca la ayuda de un profesional de la salud. Esto se debe a la estigmatización, discriminación e ignorancia de la población en general respecto a este tema. Existe una gran desinformación respecto a las enfermedades mentales, todavía hay muchos mitos acerca de las personas con desórdenes mentales a los que de manera errónea se les etiqueta como "locos". Este estigma debe ser combativo, tener una enfermedad mental no te convierte en un loco y no tienes que estar loco para buscar la ayuda de un profesional de la salud.

Este es un problema de salud pública a nivel mundial e instituciones importantes como la Organización de las Naciones Unidas (ONU) y la OMS hacen recomendaciones a los gobiernos del mundo para invertir mayores esfuerzos y recursos en la lucha contra los desórdenes mentales. Este pandemia de desórdenes mentales está costando una fortuna en recursos y capital humano, muchos de nuestros mejores profesionales o nuestros artistas más talentosos batallan diariamente con algún tipo de enfermedad. Es casi imposible medir todos los gastos y pérdidas que se podrían ahorrar si existiera un sistema de salud más eficiente y que se preocupara por el equilibrio emocional y mental de la población. Por esta razón, es más que importante comenzar a prestar más atención en la salud mental de los otros, así como a la nuestra.

¿Por qué tantas personas sufren de alguna condición mental? Las enfermedades mentales no son resultado de una sola cosa, más bien se derivan de una serie de condiciones internas y externas con las que las personas lidian en su vida cotidiana. Algunas condiciones pueden ser adquiridas por medio de la herencia genética o a causa de comportamientos aprendidos durante la niñez, algunas enfermedades pueden ser resultado de experiencias extraordinarias en las que se es presa de demasiado miedo o estrés, o, tal vez, debido a una constante presión y abuso en el ámbito familiar o laboral. Los desórdenes psicológicos pueden presentarse en cualquier tipo de hogar y en personas de cualquier edad. Nadie está exento de padecer algún problema de esta naturaleza, la mente humana siempre está en constante cambio y algunas experiencias pueden marcarte de una manera tan extrema que de la noche a la mañana podrías necesitar ayuda profesional.

Los factores de riesgo son variados, nuestro bienestar psicológico puede ser alterado por muchos aspectos como nuestras relaciones sociales, nuestra salud física, nuestra situación económica, la identidad genérica o nuestra orientación sexual. Las personas con una mala salud mental tienden a tener un sentimiento de derrota y una falta de propósito en sus vidas, lo que se traduce en baja productividad y absentismo laboral o en discusiones y aislamiento en el ámbito familiar. Es difícil saber con precisión cuando una persona sufre una enfermedad de este tipo, sin embargo, si experimentas uno o más de los siguientes comportamientos, estos pueden ser tomados como señales de alarma temprana:

- Alteraciones del sueño (dormir todo el tiempo o nada en absoluto)

- Sentirse ira irracional

- Tener sentimientos suicidas

- Desgano generalizado

- Tener una sensación de desesperanza constante

- Fingir enfermedades o dolores

- Sentir una ansiedad desbordante

- Aislarse de la familia y amigos

- No salir de la cama en todo el día

- Escuchar voces

- Pensamientos obsesivos

- Abuso de sustancias nocivas

- Constante sensación de confusión

- Desinteres general

- Cambios de humor repentinos

- Dificultades para entablar relaciones

Todos estos focos rojos pueden hacer la diferencia al momento de ayudar a alguien que está sufriendo de una condición psicológica. Si tú o algún ser querido experimentan algunos de estos síntomas es recomendable que busques asesoría psicológica. Los profesionales de la salud mental trabajan incansablemente para que todos podamos comprender mejor nuestra cabeza y todos los procesos que se llevan a cabo dentro de ella.

Los estudios demuestran que se puede encontrar una mayor incidencia de casos de trastornos mentales en familias desintegradas. De igual forma, el hecho de contar con un familiar diagnosticado con una enfermedad psicológica también influye para que se presente un mayor número de casos. Esto se puede explicar por lo que los especialistas llaman "contexto socio - familiar". Dentro del hogar hay una variedad de condiciones que juegan parte en la condición psicológica de las personas. Factores como la separación de los padres, los problemas económicos, eventos traumáticos, todo esto puede alterar nuestra salud psicológica.

Para entender qué es la salud mental, debemos ver a nuestra mente como un aparato complejo, en el que están incluidos nuestro bienestar físico, emocional y social. La salud es resultado del correcto equilibrio de estos tres, si tenemos un problema en alguna de estas áreas, entonces es muy probable que suframos de un trastorno psicológico. La salud mental determina la manera en la que sentimos, pensamos, actuamos y tomamos decisiones. Nuestra salud también está relacionada con nuestra respuesta ante el estrés, la forma en la que nos relacionamos con otros y el tipo de vida que llevamos. Si no podemos lidiar con el estrés en casa o en el trabajo, entonces se pueden desarrollar trastornos de la personalidad.

¿Qué es la salud mental?

La Organización Mundial de la Salud define a la salud mental como "un estado de bienestar en el que el individuo se da cuenta de sus propias capacidades, puede convivir con el estrés de la vida normal, trabaja productivamente y es capaz de contribuir al progreso de su comunidad" (OMS, 2019). Siempre es importante recalcar que salud mental no es sinónimo de la ausencia de enfermedades mentales, uno puede tener una salud mental muy pobre sin sufrir de ningún trastorno psicológico. Es el equilibrio lo que define nuestra salud mental, las personas diagnosticadas con algún trastorno pueden gozar de una buena salud mental si llevan el tratamiento adecuado. Es posible tratar y minimizar los efectos de las enfermedades mentales, la ciencia médica ha avanzado mucho para hacer que las personas enfermas puedan llevar su vida de la forma más normal posible.

Hay diferentes factores que pueden deteriorar nuestro estado anímico y nuestro comportamiento. ¿Qué es lo que afecta nuestra salud mental? Podemos englobar las causas de trastornos en tres grandes grupos:

- **Los factores biológicos**. Estos se refieren a los problemas relacionados con la genética o la química cerebral. Los problemas de la química cerebral se desprenden de alguna anormalidad en tu cerebro que le impide producir los neurotransmisores encargados de regular nuestros estados de ánimo.

- **Las experiencias de vida**. Aquí se engloba la educación, el entorno familiar y las experiencias traumáticas que pueda tener una persona.

- **Historial médico familiar**. Si se cuenta con familiares con enfermedades mentales.

Estos factores de riesgo son solo una guía, es imposible prever quién y cuándo se desarrollará un trastorno psicológico, por ello es indispensable estar atento a todos los indicadores para poder tomar acciones en el momento oportuno. No es necesario que tengas una enfermedad crónica para que busques ayuda médica, la salud mental se consigue con base en un trabajo continuo de cuidado y conocimiento personal, nunca es un mal momento para acercarse con un profesional, no importa si no te sientes "enfermo".

¿Qué es un trastorno mental?

Las enfermedades mentales se relacionan con una amplia gama de desórdenes que afectan tu estado anímico, tu pensamiento y tu comportamiento. Muchas personas pueden tener dificultades de este tipo, pero estos problemas se convierten en una enfermedad cuando los síntomas se vuelven tan frecuentes que afectan tu forma de socializar y tu estado físico. Si el estrés o el miedo producen cambios problemáticos en tus emociones, pensamientos o comportamientos, quizá sea tiempo de buscar la ayuda de un médico. Si no lo haces, con el tiempo, tu condición irá empeorando y puede desencadenar problemas aún más grandes e, incluso, la muerte.

Los tipos más comunes de enfermedades mentales son los trastornos de ansiedad, anímicos y la esquizofrenia. Veamos cada uno de ellos con una mayor profundidad para que podamos aprender a diferenciar estos desórdenes.

Los trastornos de ansiedad

Estas enfermedades se refieren al padecimiento de un estrés o miedo tan severo que imposibilita el correcto desarrollo individual o profesional de una persona. Este miedo paralizante se relaciona con ciertas situaciones en las que el individuo debe relacionarse con otros personas. La mayoría de estos pacientes tratan de evitar estar en contacto con las situaciones o la gente que les provoca esta ansiedad. A consecuencia de esto, los pacientes con trastornos de ansiedad suelen ser personas aisladas y poco sociables. Algunos ejemplos de trastornos por ansiedad incluyen:

Trastorno obsesivo compulsivo - Este desorden se caracteriza por la obsesión del paciente con realizar actos repetitivos de manera compulsiva, como asearse excesivamente o evitar tocar a otras personas. Estos comportamientos obsesivos son un distractor muy grande que impide que los pacientes se desempeñen en su vida y en su trabajo como una persona funcional. Con el fin de controlar sus obsesiones, una persona que sufre de trastorno obsesivo compulsivo realiza rituales, comportamientos repetitivos que se vuelven compulsivos y que no le permiten llevar a cabo todo lo que hace una persona normal.

Un ejemplo de este trastorno, también conocido por sus siglas como TOC, es el miedo obsesivo a los gérmenes, es decir, las personas que siempre se lavan las manos y evitan tocar cosas para no ensuciarse. Los científicos creen que el TOC se debe a que hay una falla orgánica en el cerebro de los pacientes que no les permite realizar conexiones neuronales de forma normal. Algunos de los síntomas que muestran las personas diagnosticadas con esta condición son:

- Agitación

- Movimientos repetitivos

- Ataques de pánico

- Impulsividad

- Aislamiento social

- Repetición persistente de palabras o frases

- Dificultad para respirar

Esta es una condición muy delicada ya que entre más trata el enfermo de controlar o ignorar sus obsesiones, más aumenta la ansiedad y el estrés. Para poder combatirla es necesario acudir con un profesional, la terapia y los medicamentos pueden ser muy efectivos para controlar los impulsos compulsivos.

Fobias - Las fobias son un miedo desproporcionado hacia algún objeto, una situación social o hacia las personas. Existen miles de tipos de fobias y todas se relacionan con un miedo paralizante que no te permite vivir como un individuo normal. Las personas con fobias pueden experimentar una diferente gama de síntomas como:

- Pánico

- Temblores

- Taquicardia

- Problemas para respirar

- Deseos de huir

Algunos ejemplos comunes son la claustrofobia que es el miedo a los espacios reducidos; la acrofobia que es el miedo a las alturas; la aracnofobia que es el miedo a las arañas. Tal vez, estos son miedos comunes que tú has sentido en algún momento pero no puedes llamarlos fobia si tu miedo no interfiere con tu vida personal.

Trastorno de estrés postraumático - Está condición es desencadenada por un evento traumático, algo terrible que el paciente ha experimentado o visto de cerca. Este tipo de eventos dejan una huella muy honda en la psique de la persona, quien constantemente revive este trauma y pierde el control sobre sus miedos.

Muchas personas pueden llegar a desarrollar el trastorno de estrés postraumático (TEPT) inmediatamente después del evento trágico o varios meses más tarde. Este trastorno hace que el individuo viva en constante tensión y tenga síntomas como como:

- Problemas de ira

- Insomnio

- Pesadillas

- Delirio de persecución

- Flashbacks

Estos son los tipos de trastorno de ansiedad más comunes, pero no son los únicos, existen muchas condiciones relacionadas con el consumo de alcohol o drogas y que también provocan respuestas desproporcionadas de tu cuerpo ante la ansiedad. A continuación hablaremos a profundidad sobre los principales trastornos anímicos y sus síntomas más frecuentes para que te sea más fácil identificarlos.

Trastornos del estado de ánimo

También conocidos como desórdenes afectivos o desórdenes depresivos y se relacionan con cambios de humor repentinos e incontrolables que entorpecen tu interacción social y tu desempeño laboral. Los trastornos anímicos se clasifican en aquellos de un estado alterado alto como la depresión y los estados cíclicos que van de la manía al desorden bipolar. Veamos los tipos más comunes de trastornos anímicos.

Depresión mayor o clínica - Esta es una condición incapacitante en la que el individuo sufre de un desinterés completo en las actividades y eventos de su vida. También es llamada depresión unipersonal o depresión clínica, es un trastorno muy complejo y tiene distintas manifestaciones que se clasifican dependiendo de si los periodos de tristeza son constantes o intermitentes. Los síntomas se traducen en periodos prolongados de tristeza y aislamiento, por esta razón, esta enfermedad está acompañada de tendencias suicidas, es una de las enfermedades mentales más peligrosas y perjudiciales para la sociedad.

En muchas ocasiones la depresión mayor no es identificada en los hospitales y por los médicos generales, lo cual representa un gran problema ya que esta enfermedad puede deteriorar el estado físico del paciente y agudizar cualquier otra enfermedad que esté sufriendo la persona. Los periodos de depresión pueden ser muy largos y durar hasta dos años. Si el paciente no busca ayuda profesional, esta enfermedad puede deteriorar su salud física de una manera más severa que el tabaquismo. Otro aspecto muy importante de la depresión clínica es que no tiene rango de edad, se ha detectado que la depresión puede atacar a un bebé de seis meses después de que este fue separado de su madre (Ayuso, 2001). Algunos de los síntomas más notorios de la depresión son:

- Descontento generalizado

- Pérdida del apetito

- Sentimiento persistente de tristeza y vacío emocional

- Pérdida del deseo sexual

- Agitación e irritabilidad

- Falta de energia

- Sentimientos de autocompasión

- Dolores físicos recurrentes

- Aislamiento

- Tendencias suicidas

- Agotamiento físico

Los síntomas de la depresión pueden ser muy severos y poner en riesgo la vida del paciente, sin embargo, está probado que la salud del individuo puede mejorar por medio de la terapia psicológica, antidepresivos controlados o una combinación de ambos.

Trastorno bipolar - También llamado depresión maniática o trastorno maníaco - depresivo. Es un estado de inestabilidad emocional caracterizado por periodos de alta tensión anímica (manía) y episodios de baja animosidad (depresión). Los intercambios entre un estado de euforia y uno de desgano pueden ser rápidos, pueden estar mezclados al mismo tiempo o manifestarse en largos ciclos. existen diferentes subtipos de trastorno bipolar:

- Bipolar I: Se distingue por la presencia de uno o más episodios maníacos con o sin el acompañamiento de un episodio de depresión clínica. Los episodios depresivos por sí solos no pueden ser diagnosticados como bipolar I, pero sin duda son parte de la enfermedad.

- Bipolar II: Se compone de episodios recurrentes e intermitentes de hipomanía con episodios depresivos.

- Ciclotimia: Es una forma leve de trastorno bipolar que se manifiesta en oscilaciones del estado de ánimo por periodos prolongados de tiempo, en los que se pueden sentir depresión leve hasta euforia emocional.

- Trastorno bipolar no especificado (TB-NE): Esta se refiere a los pacientes que pueden tener algunos síntomas del espectro bipolar, como manías o depresión, pero que no se puede considerar como una de las formas de trastorno bipolar antes mencionados.

El trastorno bipolar está presente en muchos lugares, lo bueno es que hay formas de tratarlo muy efectivas. La terapia y los medicamentos pueden hacer que los cambios de humor sean menos frecuentes y de menor duración.

Trastorno depresivo persistente (TDP)- Anteriormente era conocido como distimia, es una especie de depresión continua y a largo plazo. Esta enfermedad crónica puede hacer que pierdas interés por las actividades de tu vida cotidiana, acompañada de una sensación de ineptitud y baja autoestima. Las personas con este trastorno son pesimistas y tienen dificultades para disfrutar de su vida y seres queridos. Los niveles de depresión pueden variar a lo largo del tiempo, a veces puede ser alto, moderado o leve.

Los síntomas de este desorden van y vienen a lo largo de los años, su intensidad puede cambiar con el tiempo, sin embargo, los síntomas no se ausentan, generalmente, por más de dos meses. Pueden presentarse episodios de depresión clínica durante los periodos de distimia, lo que también es conocido como depresión doble. Los efectos del TDP son muy similares a los de la depresión clínica pero menos severos. Para combatir esta condición se recomienda asistir con un profesional de la salud mental y seguir sus indicaciones.

El Trastorno Afectivo Estacional (TAE)- Es un tipo de depresión que se presenta por temporadas, generalmente se observa en los últimos meses del año cuando comienza el otoño y desaparece en la primavera y el verano. Esta es una respuesta del cuerpo humano ante la falta de luz solar, por lo que el cuerpo no es capaz de producir suficiente serotonina y vitamina D. Esta es una enfermedad común en los países que se encuentran muy alejados del ecuador y que sufren de inviernos muy largos.

El TAE es más común en las mujeres y en los jóvenes. El tratamiento principal para esta enfermedad es la fototerapia (terapia de luz), en la que se busca reemplazar con una luz especial la luz solar que se pierde durante los meses de otoño e invierno. Todos los días, el paciente debe sentarse frente a unas lámparas artificiales para exponerse prolongadamente a la luz. Sin embargo, no todas las personas responden positivamente a este tratamiento, por lo que la terapia conversacional y los antidepresivos pueden ser un complemento para paliar los síntomas de esta enfermedad junto a la fototerapia.

Estos son algunos de los trastornos mentales que se relacionan con tu estado de ánimo, como puedes observar todos ellos se relacionan con la depresión, con un sentimiento de malestar generalizado y una baja autoestima. Esta condición se puede presentar en cualquier etapa de la vida, hay millones de niños, adultos y personas de la tercera edad que experimentan algún tipo de depresión. Por último, hablemos de la esquizofrenia, una condición muy compleja y sobre la que nos hace falta aprender mucho.

La esquizofrenia

Al parecer no existe un consenso entre la comunidad científica sobre si la esquizofrenia es una enfermedad o si es un conjunto de trastornos fuertemente relacionados. Es una enfermedad con muchas aristas y se han hecho muchos estudios para comprenderla mejor. Se cree que esta enfermedad se desarrolla en los individuos de entre 15 y 25 años, se caracteriza por una incapacidad de tener ideas completas o no fraccionadas, además los pacientes de esquizofrenia tienen fuertes problemas para procesar información.

Esta enfermedad puede provocar que las personas interpreten la realidad de manera anormal y que necesiten recibir tratamiento de forma permanente. La esquizofrenia tiene síntomas de distintos niveles, la clasificación de ellos se hace en síntomas positivos, negativos, cognitivos y emocionales:

Síntomas positivos: son aquellos conocidos como síntomas psicóticos, como las alucinaciones y el delirio. Se denominan positivos porque agregan algo a la psique del paciente.

Síntomas negativos: son elementos que desaparecen del sujeto, por ejemplo la falta de expresividad facial, la falta de apetito o pérdida de la motivación y de la confianza.

Síntomas cognitivos: estos afectan el proceso

cognitivo del paciente. Debido a esta situación, pueden desarrollarse deficiencias en su capacidad de concentración y de memoria.

Síntomas emocionales: estos se relacionan comúnmente con estados anímicos negativos, como confusión y estrés.

Las principales manifestaciones de la esquizofrenia se relacionan con un alejamiento de la realidad y una dificultad para articular su pensamiento de forma coherente y continua. Aquí hay una lista de los síntomas más comunes de este trastorno:

Delirio - El paciente tiene falsa creencias, estos pensamientos pueden tomar muchas formas, como el delirio de grandeza o el delirio de persecución. Pueden pensar que tienen poderes o habilidades extraordinarias. Algunas personas pueden sentir que están siendo controladas desde la distancia y pueden llegar a crear teorías conspiratorias.

Alucinaciones - Este problema es la experimentación de sensaciones que no son reales. Lo más común es escuchar voces, pero no es lo único con lo que los pacientes esquizofrénicos pueden alucinar, también hay experiencias que involucran el sentido del tacto, la vista o el olfato, hay una amplia gama de posibilidades. Sin el tratamiento oportuno estas alucinaciones pueden empeorar volviéndose más complejas y difíciles de distinguir.

Trastorno del pensamiento - Este se representa como una dificultad del individuo para mantener un hilo lógico de sus ideas, saltando de un tema a otro sin ninguna razón lógica aparente. Esto hace difícil que el paciente pueda entablar una conversación normal ya que su interlocutor no puede seguir la pista de sus ideas.

Aislamiento social - Es común que un paciente con esquizofrenia se aisle, esto se relaciona con su dificultad para comunicar sus ideas y con el delirio que experimenta, el cual frecuentemente lo lleva a pensar que hay personas que quieren hacerle daño y hacen planes en su contra.

Desconocimiento de la enfermedad - La intensidad del delirio, en conjunto con las alucinaciones, llevan a pensar al esquizofrénico que lo que experimenta es real y que no está enfermo. Es difícil convencer al paciente a tomar medicamentos ya que suelen ser en extremo desconfiados y pueden llegar a creer que la medicina es en realidad veneno.

Esta es una enfermedad compleja y que tiene muchas manifestaciones. Los médicos concuerdan que los principales factores que riesgo para este padecimiento son los biológicos, ya sea por transmisión genética o por un desequilibrio en la química cerebral. Veamos con más detenimiento estos factores:

1. **Herencia genetica**

No se ha establecido con seguridad la manera en la que se transmite este padecimiento de un padre a un hijo, pero las estadísticas apuntan que alguien que no tiene un historial de esquizofrenia en su familia cercana tiene muy pocas posibilidades de desarrollar la enfermedad. Por el otro lado, si hay un caso esquizofrenia en los padres, la probabilidades de desarrollar este desorden aumentan en un 10% (OMS, 2001).

2. **Quimica cerebral desequilibrada**

Los estudios han demostrado que una deficiencia de neurotransmisores como la dopamina puede relacionarse con el desarrollo de la esquizofrenia. Otros neurotransmisores como la serotonina y el triptófano también tienen un rol en el control de la esquizofrenia. Esta deficiencia en la producción de neurotransmisores puede estar relacionada con una lesión intracraneal o con un defecto de nacimiento.

La esquizofrenia es una enfermedad fácilmente detectable y con tratamientos efectivos. Los pacientes con esta condición deben aprender a lidiar con el hecho de que es una enfermedad que los afectará toda su vida. La terapia conversacional y los medicamentos antipsicóticos han demostrado una gran efectividad para mitigar los síntomas negativos. Las medicinas han transformado la forma en la que se combate esta enfermedad, gracias a ellas muchos pacientes pueden vivir plenamente, en lugar de pasar toda su vida en un hospital psiquiátrico o recluidos en su casa.

Todas estas enfermedades son muy comunes y tal vez no te has dado cuenta de todas las personas que están a tu alrededor y que pueden estar librando una batalla interior muy grande. Si te identificas con los síntomas descritos en este capítulo, te recomendamos que busques ayuda. Pedir ayuda no es un signo de debilidad, es una determinación que demuestra que tienes la intención de superar tus miedos y vivir de una manera plena. De igual forma, si conoces a alguien que está luchando con un trastorno emocional o mental, puedes ayudarle compartiendo con él o ella este libro y convenciéndole de acercarse a un profesional de la salud.

Ahora que ya tienes una visión más holística de lo que son las enfermedades mentales, es momento de que pasemos a hablar de la neuroplasticidad y cómo esta puede ayudarte a cambiar tu vida y mejorar tu salud mental de manera progresiva. No importa si sufres de algún trastorno, la neuroplasticidad es una herramienta a la que todos podemos sacarle provecho para mejorar nuestro bienestar emocional, físico, social y mental. Este libro tiene la intención de acompañarte en el largo camino hacia una mente más saludable, nuestra primera parada nos llevó a entender con mayor profundidad lo que son las enfermedades mentales y cómo afectan nuestro cerebro, nuestro siguiente destino será una revisión profunda de la neuroplasticidad, hablaremos del qué, cómo y el por qué de este fenómeno, pero sobre todo, nos enfocaremos de cómo sacarle provecho para mejorar tu vida y reprogramar tu cerebro.

CAPÍTULO DOS:

LA NEUROPLASTICIDAD

Y TU CEREBRO

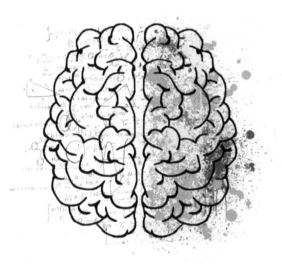

En este capítulo hablaremos del tema central de este libro: la neuroplasticidad. Esta puede ser definida como la habilidad que tiene tu cerebro para cambiar, reorganizar y remodelarse con el propósito de mejorar la forma en la que se adapta a situaciones nuevas. Este es un descubrimiento relativamente nuevo, no obstante, es uno de los avances más importantes que se han hecho en la neurociencia. Ahora se sabe que las conexiones neuronales no son estructuras fijas, sino que cambian dinámicamente a lo largo de toda tu vida, dependiendo de las experiencias que reciban. Las conexiones neuronales se crean cuando realizamos acciones repetitivas como practicar un baile, resolver un problema matemático o conducir un automóvil, lo que permite que tu habilidad para realizar estas actividades mejore y tu consumo de energía disminuya. Cuando dejas de realizar esta actividad, tu cerebro redireccionará estos circuitos neuronales para ser utilizados en otra actividad.

¿Cómo funciona tu cerebro?

Para entender mejor este proceso recordemos cual es la función de las neuronas. Las neuronas son células del sistema nervioso que se encargan de recibir y transmitir información por medio de señales químicas y eléctricas. Se especializan en recibir los estímulos y conducir el impulso nervioso entre ellas por medio de conexiones neuronales llamadas sinapsis. Las neuronas se distribuyen a distintas regiones del cerebro para realizar funciones específicas, que pueden estar relacionadas con la motricidad, la cognición, el lenguaje, la percepción sensorial, etcétera. Las neuronas crean estructuras en forma de redes para transmitir energía y almacenar información. Las conexiones neuronales se vuelven más eficientes conforme más se usan. La neuroplasticidad se relaciona con la manera en la que se crean las sinapsis y el reabastecimiento de neuronas en nuestro cerebro.

La plasticidad se da siempre que estamos haciendo algo nuevo, ya sea aprendiendo un idioma diferente o jugando fútbol, todas las actividades que realizamos pueden modificar poco a poco la organización de nuestra materia gris. No solo los estímulos externos pueden crear nuevas sinapsis, también puedes cambiar tus conexiones al cambiar tu forma de pensar y realizar ejercicios cognitivos como la meditación y las afirmaciones positivas. Estas técnicas han probado ser efectivas para combatir desórdenes mentales como el trastorno de ansiedad social o trastornos de aprendizaje. Su aplicación reiterada tiene repercusiones positivas en tu estado anímico y te permite evaluar tu salud mental desde otra perspectiva.

La neuroplasticidad tiene muchas aplicaciones como la habituación, sensibilización a ciertas posiciones, tolerancia al medicamento y recuperación de una herida cerebral. Todo esto es gracias a tu habilidad para aprender y mejorar tus procesos cognitivos. El cerebro humano es un órgano muy completo, con la capacidad de rehabilitarse y mejorarse por sí solo. El cerebro puede ser afectado por una gran variedad de factores, experiencias que percibimos por medio de los sentidos o imágenes mentales que llegan a tu mente. Virtualmente, cualquier estímulo puede alterar nuestro cerebro por un breve periodo de tiempo. También, se ha demostrado que hay algunas experiencias que pueden ocasionar cambios duraderos, experiencias que van desde algo sensorial o motriz hasta medicamentos psicotrópicos o estimulación eléctrica del cerebro. Piensa en tus neuronas como una especie de líquido que toma la forma del envase que la contiene, ese envase son tus pensamientos y los estímulos que recibes. Hay dos procesos muy importantes que hacen posible la plasticidad cerebral, estos son la plasticidad sináptica y la neurogénesis.

La plasticidad sináptica

Cuando estamos aprendiendo algo nuevo, el cerebro crea un conjunto de series neuronales nuevas. Estos circuitos son rutas de intercomunicación de las neuronas para que la información viaje con una mayor rapidez y facilidad de una neurona a otra. Cada vez que se adquieren habilidades nuevas por medio de la práctica repetitiva, la comunicación y transmisión sináptica se refuerza. Cada vez que se revisita el circuito neuronal de cierta habilidad, la comunicación entre las neuronas mejora, la cognición se hace de forma mas rapida y los tiempos de respuesta disminuyen. Estas conexiones tienen que ser utilizadas frecuentemente, si no es así los caminos se van perdiendo gradualmente para dar paso a nuevas conexiones y nuevos aprendizajes.

Estas rutas se crean en el cerebro por medio de la práctica reiterada y el aprendizaje, es similar a la manera en la que los senderos en las montañas se van marcando debido al uso constante de tales caminos. La plasticidad sináptica permite que te vuelvas más habilidoso y más rápido gracias a la práctica. Las redes neuronales pueden mejorar al comunicarse mejor y establecer cada vez mayores lazos, virtualmente, con la perseverancia suficiente podrías ser capaz de dominar cualquier arte o deporte que te propongas, por eso es tan cierto el dicho de "la práctica hace al maestro". Esta habilidad de mejorar y aumentar las conexiones neuronales depende de la generación de nuevas neuronas. A esto se le llama neurogénesis.

La neurogénesis

Este es el proceso de proliferación y nacimiento de nuevas células neuronales en el cerebro. Se ha comprobado que el cerebro adulto es capaz de producir neuronas nuevas, las cuales después se distribuyen por distintas partes del cerebro para reforzar conexiones donde sea requerido y permitir que la capacidad neuronal no decaiga. La neurogénesis fue confirmada hace no mucho tiempo, en el año de 1998 se presentó una investigación de

Peter S. Eriksson que demostró este fenómeno en un cerebro humano. Este descubrimiento marcó un hito en la neurociencia, se pusieron en entredicho muchas de las nociones básicas que se tienen sobre el cerebro humano y se comenzaron a enfocar en las posibilidades de la plasticidad cerebral.

El cerebro de un adulto necesita generar una importante cantidad de neuronas ya que cuenta con muchas áreas especializadas y neuronas con diferentes estructuras y conexiones. Por ejemplo, el hipocampo, que es el área del cerebro que se especializa en la memoria y la navegación espacial, tiene 27 tipos de neuronas diferentes. Si el cerebro de los humanos no pudiera regenerar sus células neuronales su capacidad mental se vería muy reducida en la vejez y sería imposible de cambiar. Por suerte esto no es así, todos los cerebros pueden reprogramarse y crear nuevos circuitos de neuronas.

Todos los seres vivos simples o complejos, unicelulares o pluricelulares, han demostrado la creación de sinapsis neuronales y los cambios en las conexiones son muy similares en todo el espectro.

Desde los insectos hasta los mamíferos, todos los seres vivientes con un sistema nervioso aprenden gracias a la neuroplasticidad. Se han realizado experimentos en muchas clases de animales, como moscas de la fruta, cucarachas, ratones, gatos y monos, y en todos ellos se han encontrado cambios en su estructura cerebral al momento de aprender algo nuevo o enfrentarlo con una situación distinta.

Para los fines de este libro lo que más nos importa acerca de la neuroplasticidad es el efecto que tiene en el comportamiento, "cuando el cerebro cambia, esto se refleja en un cambio de comportamiento, ya que la principal función del cerebro es producir comportamiento, aunque el comportamiento no es constante" (Cold & Gibb, 2015). Nuestro cerebro cambia mientras aprendemos y creamos nuevos pensamientos e imágenes, este proceso de cambio nos acompaña toda nuestra vida. Todos estos procesos se logran gracias al cambio en nuestras redes neuronales, cada vez que cambian estas conexiones también cambia nuestro comportamiento, de tal forma que si queremos cambiar nuestros comportamientos debemos cambiar nuestro cerebro.

Esta característica de nuestro cerebro es de especial importancia para los investigadores que buscan tratamientos para las enfermedades y lesiones cerebrales. "La plasticidad neuronal puede encontrarse en todos los sistemas nerviosos, incluso un nematodo C. elegans muestra aprendizaje simple que se correlaciona con la neuroplasticidad" (Rose & Rankin, 2001). Estos cambios se realizan durante toda tu vida, pero se ha demostrado que los resultados pueden ser distintos dependiendo de la edad del individuo, pues se ha observado que los cerebros infantiles tienen una habilidad plástica mayor a la de un cerebro adulto, pero esto no significa que no esté presente en este caso.

Antes se creía que el desarrollo del cerebro se detenía en la edad adulta, pero hay evidencias que muestran que la materia gris puede cambiar para adaptarse a diferentes situaciones a lo largo de toda la vida. El cerebro está compuesto por más de 100 millones de neuronas, las cuales se van renovando con el tiempo. Los investigadores antiguos creían que se nacía con un número fijo de neuronas y con el tiempo se iban perdiendo, ahora sabemos que esto no es así, que las células neuronales pueden regenerarse y que un adulto puede producir neuronas nuevas.

La neuroplasticidad y la edad

En los últimos años se ha puesto mucha atención a los efectos que tienen los eventos tempranos en el cerebro, incluso eventos que ocurren antes de nacer, los cuales pueden dejar marcas en nuestro cerebro de forma permanente. Se ha demostrado que eventos que ocurren durante la gestación, como estimulación táctil, ejercicio durante el embarazo y el uso de drogas psicotrópicas pueden alterar la organización cerebral del feto de manera significativa y con repercusiones que duran toda la vida. Estas experiencias son cualitativamente distintas cuando se experimentan en la madurez o la infancia, incluso, un mismo elemento puede tener respuestas muy diferentes en distintas partes del cerebro.

Los estudios han demostrado que un cerebro infantil tiene mejores respuestas ante una lesión que un cerebro adulto. Un estudio realizado en ratas recién nacidas demostró que su cerebro espontáneamente regenera mucho del tejido cerebral perdido por una lesión. El cerebro de los infantes es más hábil para reorganizar y crear su conexiones neuronales, por ello es común que los niños tengan una gran facilidad para aprender cosas nuevas. Los bebés nacen con la totalidad de sus células cerebrales, pero con pocas conexiones neuronales. Hacia los 5 años, se produce una aceleración en el proceso de plasticidad neuronal, es por esto que se dice coloquialmente que los "niños son como esponjas" que absorben todo lo que está a su alrededor. Estas conexiones se crean imitando la conducta, actitud, palabras y tonos que muestran los adultos alrededor de él. Al principio es un proceso lento que requiere de mucha atención del infante, pero con la práctica constante de estos comportamientos se convierten en actos automatizados y habituales.

El constante reforzamiento de un estímulo determina la forma en la que el niño aprende de sus padres. El cerebro del infante copia y procesa la forma en la que sus padres se relacionan entre sí, si el comportamiento es constantemente agresivo, el niño interiorizará estos patrones y tenderá a ser agresivo en sus relaciones sociales. Es por ello que existe ese antiguo proverbio que dice "educa con el ejemplo", los infantes aprenderán hábitos positivos si los percibe en el comportamiento habitual de sus padres. Esta es la etapa crítica en la que se definen los rasgos de la personalidad del niño, los estímulos que reciba en casa y los hábitos que los padres le puedan enseñar, marcarán de forma profunda el desarrollo de la psique del individuo.

Esta etapa de la formación psicológica y neuronal es decisiva para el adecuado desarrollo del infante como un individuo funcional y productivo de la sociedad. Las conexiones neuronales que se crean durante la infancia pueden tener un impacto muy grande en nuestra vida como adultos. La plasticidad cerebral esta al maximo durante los períodos críticos, el periodo crítico es el tiempo de maduración durante el cual las experiencias tendrán un efecto exacerbado en el desarrollo y aprendizaje. Si el individuo es expuesto a estas experiencias después del periodo crítico, estas tendrán un efecto atenuado. "Después del periodo crítico, el cerebro nunca muestra de nuevo la misma habilidad de realizar grandes cambios en las conexiones neuronales" (Mundkur, 2005). La edad crítica para la adquisición del lenguaje son los primeros seis años de vida, después la habilidad habitual para adquirir lenguaje disminuye gradualmente y a partir de los 12 años de edad, se reduce dramáticamente. Por otro lado, la edad crítica para desarrollar las capacidades motrices es a los 7 años. Los adultos no pierden la capacidad de plasticidad neuronal, pero se vuelve mucho más restringida y más difícil de concretar . Hay cuatro tipos principales de plasticidad cerebral en los niños, estas son adaptativa, alterada, excesiva y plástica:

Plasticidad adaptativa - Se refiere a los cambios en los circuitos neuronales que mejoran alguna habilidad específica por medio de la práctica. Así el cerebro puede compensar o adaptarse a alguna herida o cambio en el ambiente.

Plasticidad alterada - Se refiere a el momento en el que un trastorno genético o adquirido interfiere con los canales neuronales habituales. Esto se traduce en enfermedades como el Síndrome X frágil.

La plasticidad excesiva - Se presenta cuando hay una mala organización de los circuitos neuronales y causan enfermedades neurológicas.

Plasticidad plástica - Esta se refiere a la sobreexcitación de las redes neuronales cuando hay un caso de epilepsia y puede desencadenar un daño cerebral.

Estas categorías se presentan en los procesos de aprendizaje de los niños. Los infantes tienen una capacidad regenerativa impresionante, lo que los científicos buscan es una manera de sacarle provecho a esta capacidad para ser aplicada en el tratamiento de lesiones o enfermedades mentales en adultos. La plasticidad neuronal tiene muchas aplicaciones médicas que podrían cambiar la forma en la que vivimos y combatir la terrible pandemia de enfermedades mentales que está afectando a una porción importante de la población mundial.

La neuroplasticidad y la medicina

La capacidad plástica del cerebro puede

aprovecharse para tratar condiciones mentales negativas. La neurociencia ha alcanzado un grado avanzado de conocimiento con el que se puede crear técnicas y ejercicios para estimular la creación y mejoramiento de las redes neuronales. Desde los experimentos en animales hasta los programas de educación especial, la ciencia neuronal trabaja buscando tratamientos y medicinas que ayuden a los pacientes a vivir de una forma más plena. Muestra de esto son los numerosos libros y publicaciones que han aparecido en los últimos años y que tienen como tema central la capacidad del cerebro humano para modificar su estructura interna.

Los especialistas indican que la materialización de este proceso de plasticidad neuronal se realiza en la corteza cerebral. Es por ello que se le conoce como plasticidad cortical, y varios autores la separan en dos categorías: plasticidad cortical fisiológica y plasticidad cortical patológica. La neuroplasticidad es el fundamento de los estudios experimentales sobre rehabilitación neuronal, los cuales pretenden tener un conocimiento más completo de la forma en la que el cerebro puede curarse a sí mismo. Las investigaciones realizadas en animales han ahondado en el tema de las lesiones cerebrales y la recuperación por medio de la neuroplasticidad.

Se ha observado como en niños con lesiones cerebrales su plasticidad les ha permitido establecer conexiones neuronales en lugares distintos para compensar el daño causado por la lesión. Los infantes muestran una capacidad de recuperación mayor que la de los adultos en temas neurológicos, esto se debe a que se encuentran en una etapa crítica de maduración. El hemisferio izquierdo es el que se encarga de los centros del lenguaje, un niño con lesiones cerebrales en su hemisferio izquierdo puede crear nuevas sinapsis en el hemisferio contrario y superar casi todos sus problemas de lenguaje. Por otro lado, para un adulto con una lesión fuerte en el hemisferio izquierdo le es prácticamente imposible que recuperar su habla por completo.

La plasticidad neuronal está presente a lo largo de toda tu vida, la capacidad de cambiar, proliferar y reconectar células neuronales no es exclusiva de las células inmaduras. Los principios de "úsalo o piérdelo" y "úsalo y hazlo crecer" se aplican aquí, nuevas sinapsis pueden crearse en tu cerebro y modificar tu conducta, entre más estimules y refuerces estos comportamientos, más fuerte será la nueva conexión neuronal y más profundo será el cambio que se presente en tus hábitos y comportamientos.

No solo los niños pequeños pueden sacar provecho de la plasticidad cerebral, tú también puedes aprender cosas nuevas y modificar tus hábitos para que tu pensamiento sea más positivo. Si tienes problemas con tu bienestar mental, puedes hacer una profunda autocrítica y enfocarte en los aspectos que te están causando problemas. En primer lugar puedes analizar cuales son tus hábitos negativos y qué es lo que los detona. De esta forma puedes aislar el problema y descubrir formas de modificar este comportamiento. Este debe ser un proceso consciente, debes estar seguro de mandarle mensajes positivos a tu cerebro para que puedas crear nuevas conexiones neuronales.

Muchas investigaciones han determinado que hay un aumento en la sustancia gris cerebral como resultado de un aprendizaje específico y la exposición a estímulos más complejos. Las personas que se dedican a conducir o navegar tienen una mayor concentración de materia gris en el hipocampo derecho, el área encargada de procesar la navegación espacial. Las personas que se dedican a actividades físicas tienen una mayor concentración de materia gris en las zonas del cerebro relacionadas con la actividad motora y visual. Los científicos se enfocan en descubrir qué áreas del cerebro se encargan de realizar funciones específicas, de esta forma se puede saber qué zonas de nuestro cerebro están fallando y cuáles son las mejores formas de estimular estas partes para así superar alguna deficiencia.

La experiencia demuestra que se consiguen mejores resultados cuando el cerebro es estimulado por medio de ejercicios cognitivos, se debe conocer el ritmo del cerebro para dosificar los ejercicios y dirigirlos a la actividad cerebral adecuada. En los últimos años han surgido diferentes tipos de terapia cognitiva para tratar a pacientes con problemas neuronales. Este nuevo enfoque busca reprogramar el cerebro del individuo para que sea capaz de superar sus limitaciones y desempeñarse como una persona funcional. Los investigadores buscan identificar las zonas problemáticas del cerebro para estimularlas directamente, creando sinapsis más eficientes y modificando la composición del cerebro.

El método Arrowsmith

Una pionera en este campo es la investigadora canadiense Barbara Arrowsmith-Young quien fundó la escuela Arrowsmith en la ciudad de Toronto en los años 80 para ayudar a niños con problemas de aprendizaje por medio de la neuroplasticidad. Sus estudios fueron muy reveladores para la época ya que proponían una idea al cerebro humano distinta a la que imperaba en aquella época. Ella sacó provecho de los descubrimientos más avanzados de aquel tiempo para ponerlos al alcance de las personas con trastornos mentales. Su método consiste en la autosanación, en la capacidad intrínseca que tiene nuestro cerebro para curarse a sí mismo por medio de la estimulación cerebral y la creación de redes neuronales.

Ella desarrolló una serie de ejercicios cognitivos

especializados que eventualmente se convirtieron en el Programa Arrowsmith. Este programa consiste en estrategias que Barbara había aplicado en sí misma para poder superar sus problemas de aprendizaje. Ella nació con deficiencias neuronales severas, sufría de dificultad para seguir una conversación, entender sucesos que estaban sucediendo en tiempo real y comprender la relación de causalidad. Fue diagnosticada con discapacidad múltiple de aprendizaje, por lo que no podía leer y escribir con sentido lógico, o tan siquiera entender un chiste ya que no podía procesar el lenguaje figurativo.

A lo largo de su vida, Barbara fue diseñando una serie de ejercicios cognitivos basados en el trabajo de influyentes psicólogos con los que había tenido contacto durante la universidad, los descubrimientos sobre neuroplasticidad y los experimentos en animales le dieron ideas para desarrollar su método de enseñanza. Ella aplicó estas estrategias en sí misma para superar sus problemas de aprendizaje. Sus ejercicios demostraron ser bastante eficientes, la ayudaron a vivir de una manera más plena y la inspiraron para ayudar a otras personas que sufrían problemas cognitivos graves.

Arrowsmith tiene una forma de describir su método muy sencilla, ella imagina al cerebro como una ciudad de noche, una red de luces y sombras. Sus ejercicios cognitivos buscan restaurar la electricidad de aquellas partes oscuras. Su teoría parte de que el principal problema de su cerebro es el hemisferio izquierdo, la intersección de las regiones temporales, occipital y parietal (TOP). Esta zona ayuda a procesar, conectar y asignar el significado de la información, si esta zona no funciona bien, los conceptos abstractos y las correlaciones pueden ser difíciles de entender. Arrowsmith cree que uno de los problemas característicos de la región TOP es la dificultad de leer un reloj de manecillas. Por esta razón, Barbara creó su famoso ejercicio del reloj, en el que se coloca a los estudiantes durante largos periodos de tiempo frente a un reloj de manecillas para que aprendan a leer la hora.

Este ejercicio tiene como uno de sus propósito enfrentar al paciente con una situación muy difícil, requiere que los jóvenes hagan un procesamiento forzado, en el que pueden pasar hasta 20 horas a la semana frente a un reloj. Cuando los niños aprenden a leer la hora en el reloj, crean conexiones neuronales que les permiten comprender mejor la información que reciben. Esto se debe a que con un ejercicio como el del reloj se estimula una parte muy específica del cerebro, creando sinapsis nuevas que permiten solucionar problemas de una índole parecida. El ejercicio del reloj muestra buenos resultados porque les permite a los niños entender el pensamiento abstracto desde un nivel más básico. Es también un ejercicio reflexivo ya que enfrenta al individuo consigo mismo, enfocando toda su atención a resolver un problema específico en tiempo presente.

Ella misma ha contado como en los años setenta pasaba hasta 12 horas frente al reloj para mejorar su comprensión. Conforme fue pasando el tiempo, creó otros ejercicios que le ayudaron a tratar con otros de sus problemas cognitivos. Fue refinando sus ejercicios hasta que se volvieron más efectivos y le sirvieron para crear conexiones neuronales que antes no había podido desarrollar. Con su método comenzó a tener resultados positivos y que la llevaron a aprender cosas que durante su infancia y juventud le resultaban imposibles. Gracias a sus ejercicios pudo entender mejor las matemáticas, comprender el sentido de las conversaciones y seguir indicaciones de otras personas. También, pudo comprender mejor las interacciones sociales y la comunicación no verbal, situaciones que pueden ser extremadamente complicadas para alguien con su enfermedad. Su cambio fue muy profundo, poco a poco se fue convirtiendo en un individuo completamente funcional.

El método Arrowsmith busca aprovechar la neuroplasticidad para reparar zonas del cerebro dañadas y que impiden que los pacientes tengan procesos mentales normales. Muchas enfermedades pueden tratarse con esta clase de enfoque novedoso, la plasticidad neuronal ofrece una amplia variedad de posibilidades, tu cerebro tiene una capacidad de adaptación muy grande y siempre está en constante cambio, con la ayuda adecuada puedes hacer que tu estructura neuronal se transforme para superar cualquier condición mental. Barbara Arrowsmith ha ayudado a miles de niños y jóvenes a superar sus problemas de aprendizaje, sus ejercicios cognitivos pueden ser de ayuda para cualquier persona, ya que todos tenemos un cerebro plástico y en constante cambio.

Esta maravillosa capacidad de tu cerebro puede ayudarte a salir adelante cuando estas pasando por un momento difícil. Tienes la habilidad de cambiar tu forma de vivir, este es un proceso largo que te tomará algún tiempo poder dominar, pero no temas, con la ayuda de nuestros consejos y entendiendo la manera en la que funciona tu mente puedes reprogramar tu cerebro para desatar todo tu potencial. El ejemplo de Barbara Arrowsmith nos da un antecedente para creer en la eficiencia de la neuroplasticidad en el tratamiento de enfermedades mentales. Las posibilidades son variadas y la ciencia avanza a pasos agigantados para revelar los misterios de la mente humana.

En el siguiente capítulo hablaremos de la forma en la que la neuroplasticidad puede ayudarte a mejorar tu vida, tu mente es una herramienta muy poderosa que puede hacer cosas increíbles. Para lograr todo lo que te propongas debes adoptar una mentalidad de cambio, no lograrás reconfigurar tu cerebro si tu intención de cambiar no es realmente sincera. No olvides tener en cuenta lo que aprendiste en el primer capítulo sobre las enfermedades mentales y las características de la plasticidad neuronal, con esta información pasaremos a la siguiente parte del libro en la que hablaremos de los beneficios de la reprogramación cerebral.

CAPÍTULO TRES:

CÓMO PUEDES CAMBIAR TU CEREBRO PARA MEJORAR TU VIDA

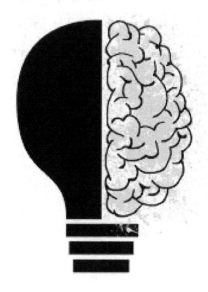

En este capítulo hablaremos de una cuestión muy importante, sobre la importancia de cambiar tu forma de pensar para cambiar tu cerebro. Aprender una nueva habilidad no es una tarea sencilla, a veces puedes sentir que por más que lo intentas te encuentras irremediablemente perdido, muchas personas terminan abandonando sus propósitos una vez que los desafíos se vuelven más complejos, se sienten inseguros a las primeras dificultades y pierden el entusiasmo antes de ver el más mínimo cambio. No solo basta con proponerse cambiar tu cerebro, también debes creerlo, tener confianza en ti mismo, pero sobre todo debes tener paciencia.

Cuando te embarcas en un viaje de superación personal te enfrentarás con algunos tropiezos, el camino hacia el progreso no es línea recta ascendente, sino una montaña rusa, en la que experimentarás momentos de altitud y progreso, pero también habrá partes bajas y retrocesos. No debes perder el entusiasmo si en algún momento te sientes atrapado y que nos vas a ningún lado, necesitas dejar atrás toda la negatividad si quieres que tu progreso sea verdadero y de larga duración. Los resultados se verán en un mediano plazo, pero créeme si realmente estás comprometido verás que será muy gratificante mejorar tu salud mental y a la vez tendrá beneficios muy grandes a la larga.

Tu cerebro es como una computadora que

necesita de todo un sistema de software y hardware, este último soporta a los programas y aplicaciones y a la vez este software puede requerir que se hagan cambios en el hardware para que todo funcione bien. Piensa que tu mente funciona de manera similar, las conexiones o sinapsis, tus neuronas y el cerebro son el hardware y tu conciencia y pensamientos son el software. Puedes cambiar la configuración de tu mente, hacer mejoras, volverla más rápida, más potente, lo que necesitas es cambiar algunos programas (o sea tus pensamientos) y al hacerlo tu hardware se mejora, tu cerebro es la computadora más perfecta porque puede adaptarse, hacer conexiones nuevas y resanar algún problema o daño, el ser humano no ha desarrollado una tecnología que tenga estas cualidades. Por estas y muchas razones más el cerebro es el órgano que controla a todo tu cuerpo, es el comandante general de tu cuerpo y tu vida.

El cerebro está en control

Todo lo pasa en tu vida está determinado por la forma en la que tu cerebro se desempeña. ¿No lo crees? Piensa solo en este ejemplo: si tienes una lesión en el hemisferio izquierdo y tienes problemas de lenguaje, es altamente probable que tengas problemas de ansiedad, ya sea a causa de una incomodidad incontrolable cuando estás en situaciones sociales o porque te aíslas de todos. Podemos decir en cierto sentido que una lesión en tu cerebro puede regir tu vida en todos los niveles, pero para fortuna nuestra el cerebro tiene una capacidad de adaptación y auto reparación que ningún otro órgano de nuestro cuerpo ha mostrado jamás. Siempre que sea estimulado de la manera correcta tu cerebro podrá superar las adversidades.

Si tienes una salud mental equilibrada tendrás un desarrollo social y personal más gratificante, serás un miembro (ojo aquí, un miembro significa que estás acompañado, que eres parte de un grupo) productivo de la sociedad. Trabajar en mejorar tu mente es la mejor que puedes hacer en todos los términos, se refleja en tu economía, tus relaciones interpersonales y tu carrera profesional. Una buena salud mental no tiene precio, los beneficios serán tan grandes como tu potencial o tu ambición. Esta es la importancia del cerebro en tu vida, si te empeñas realmente en reprogramar tu cerebro, entonces tendrás al mejor aliado y podrás lograr avances significativos en el camino hacia una nueva forma de vivir.

Dentro de tu mente hay un enorme potencial, solo debes encontrar una actividad que pueda ocupar tu cerebro por completo, algo que te guste tanto que puedas aplicar tu creatividad y puedas dedicarle grandes cantidades de tiempo sin que pierdas el interés. Recuerda que tu cerebro es cambiante, entre más lo ocupes en actividades positivas más grande y eficiente se volverá. Hay estudios en los que se ha comprobado que al poner a una rata en un entorno más complejo hay un aumento en su masa encefálica, esto se debe a que son mayores los estímulos que recibe y necesita que su cerebro sea más potente. Si el cerebro de una rata puede hacer algo semejante, imagina lo que tú puedes lograr.

El poder de la mente

Todos nacemos con el potencial de desarrollar habilidades que ayuden a construir nuestro bienestar. Las características de la mente nos llevan a pensar que el bienestar es una habilidad que se puede comparar con el lenguaje, a pesar de que nacemos con la capacidad de entender y producir lenguaje, estas habilidades necesitan ser aprendidas, practicadas constantentemente y enriquecidas a los largo de toda la vida. De igual manera, las habilidades que involucran conseguir el bienestar pueden ser fortalecidas por medio de la práctica consciente de buenos hábitos y pensamientos positivos. Con la mentalidad correcta puedes cambiar todos los aspectos de tu vida, pero nada de lo que te propongas se hará realidad si no puedes creer en ti mismo.

Tener confianza en ti mismo es el primer paso para desatar todo tu potencial, sin este elemento todos los esfuerzos que hagas fracasarán porque no estarás siendo sincero contigo mismo, todos quieren ser mejor personas pero en realidad no están convencidos de que puedan lograrlo. Tu inseguridad puede ser tu mayor obstáculo, pero una vez que aprendas a creer en ti y te propongas metas realistas verás que no hay nada que no puedas conseguir. El poder está dentro de tu cabeza, solo necesitas convencer a tu cerebro de que realmente quieres cambiar.

No es fácil llegar a este nivel de confianza y autoconocimiento, pero la experiencia nos demuestra que hay muchos casos de éxito y que los resultados pueden parecer increíbles. La mente humana está llena de potencial latente, está ahí durmiendo dentro de tu cerebro, apagado porque no estás ejercitando las zonas correctas. Si comienzas a estimular estas áreas comenzarás a despertarlas y te será más sencillos tener un pensamiento más positivo. La neuroplasticidad te permite hacer que tu mentalidad sea progresivamente más optimista, tendrás una perspectiva más amplia de tu vida y podrás resolver cualquier adversidad con la que te encuentres. Nunca sabrás hasta dónde puedes llegar hasta que intentes cosas nuevas y desafiantes, el límite es el cielo.

Aprendiendo al hacer

El proceso de aprendizaje es complejo, pero hay un principio que aplica aquí y es que se aprende por medio de estímulos frecuentes que se repiten. Si lo vemos desde una perspectiva cognitiva no hay diferencia entre aprender a andar en bicicleta o aprender un nuevo idioma. Por ejemplo, alguien puede explicarte todas las características de una bicicleta y darte instrucciones precisas de cómo tienes que mover los pedales y sostener el manubrio, sin embargo, es totalmente imposible que lo hagas hasta que no lo intentes personalmente. De igual manera, puedes aprender el significado de muchas palabras en japonés, pero eso no significa que puedas mantener una conversación con hablante nativo. En ambos casos la adquisición de estas habilidades se da gracias a lo que se conoce como "ensayo y error", tu cerebro va construyendo y mejorando sus conexiones neuronales cada vez que pones a la práctica lo que estás tratando de aprender.

Entre más prácticas algo mejor te vuelves, la repetición es fundamental para volverte un mejor deportista, tener más control sobre tus emociones y pensamientos. Nuestras neuronas son como una caja de arena, cada vez que marques una línea se hará más profunda, por el contrario, si no marcas la línea eventualmente se borrará y quedará como si nada hubiera pasado. Cuando te ocupas de realizar acciones repetitivas te das cuenta que después de algún tiempo lo puedes hacer de forma más rápida, con mayor eficiencia y de manera inconsciente, esta última característica es fundamental, cuando haces algo sin pensarlo es porque tu cerebro ya está programado para tal actividad.

Los científicos han estado trabajando durante muchos años para entender mejor lo que pasa dentro de nuestros cerebros y han descubierto una serie de características que nos permiten pensar que nuestra mente funciona de manera similar a una computadora. La programación neuronal forma parte central del funcionamiento de esta maquinaria, la cual siempre se puede cambiar, no importa la edad que tengas o los padecimientos mentales que te aquejen, con la rutina adecuada y la mentalidad correcta puedes cambiar tu configuración interna para superar cualquier problema, reparar cualquier daño interno y tener un desempeño óptimo. La constante repetición de conductas o pensamientos afectan la manera en la que tu cerebro se comporta, si cambias algunos detalles puedes modificar tu mente de formas que nunca te habías imaginado, puedes actualizar tu sistema operativo para convertirte en una persona completamente distinta.

La repetición y la práctica

Seguramente habrás escuchado esa vieja frase que dice que la práctica hace al maestro, esto es muy cierto, porque ahora que entiendes de una manera más completa cómo funciona tu cerebro puedes ver la manera en la que la repetición y la práctica afectan tu cerebro. Existe un término llamado aprendizaje por la práctica, que en inglés sería: *learning by doing*. Este es un concepto que se ha utilizado principalmente en economía y se refiere a la capacidad de las personas para mejorar su productividad en el trabajo gracias a la experiencia, que con el tiempo aumenta su destreza y habilidades motoras. La continua repetición de las mismas acciones o tareas han demostrado desencadenar una aumento en la productividad, los empleados se vuelven más rápidos y su trabajo es de mayor calidad.

El concepto de aprendizaje por medio de la práctica, es decir, aprender al mismo tiempo que se trabaja, ha sido desarrollado y utilizado por muchos investigadores, entre los que destaca el trabajo de Kenneth Joseph Arrow. Sus investigaciones y reflexiones sobre la teoría del crecimiento neuronal, se aplican para entender mejor la forma en la que la innovación y la tecnología afectan nuestras capacidades mentales. Estas teorías tienen una representación gráfica de la relación entre la repetición y el aumento de la productividad, a esta correlación se le conoce como *la curva de aprendizaje*. Esta famosa curva de aprendizaje ha sido muy estudiada en las ciencias sociales y económicas pero sus aplicaciones son ilimitadas, podemos notar que el aprendizaje y el aumento de productividad se da en todos los ámbitos de nuestra vida.

La repetición y el aprendizaje por medio de la práctica tienen una relación muy estrecha con nuestros hábitos. Estos comportamientos se aprenden de la misma manera en la que se adquieren las habilidades manuales y cognitivas que nos permiten ser más productivos en el trabajo. Por esta y otras razones, también nuestros hábitos pueden ser mejorados o reemplazados por otros que nos den mejores resultados. Aprender es algo continuo, nuestros cerebros nunca dejan de hacerlo, todos los días podemos aprender algo nuevo y podemos mejorar nuestra salud mental pasito a pasito. Los cambios serán graduales y duraderos, un buen hábito nunca se pierde, es casi como andar en bicicleta, una vez que lo aprendes nunca lo olvidas.

¿Qué son los hábitos?

Podemos definir a un hábito como una rutina o comportamiento que se repite constantemente, tanto que se puede realizar de forma inconsciente. Hay una famosa cita de Aristóteles que dice: "somos lo que hacemos día a día, de modo que la excelencia no es un acto, sino un hábito ". Los hábitos son parte fundamental de todos nosotros, los vamos desarrollando a lo largo de toda nuestra vida y son muy difíciles de romper una vez que los hemos interiorizado, pero esto no significa que sean inamovibles, pueden ser modificados a base de esfuerzo, una planeación consensuada y constancia.

El rasgo fundamental de los hábitos es que se

realizan de manera inconsciente, son actos que no planeas con antelación, si no que los haces sin pensarlos y que se han vuelto parte de tu rutina diaria. Esto es posible gracias a la repetición constante y la plasticidad neuronal que hacen que las rutinas se graben profundamente en tu estructura cerebral haciendo que puedas realizar acciones muy complejas incluso con los ojos cerrados. Hacer y repetir, hacer y repetir, es todo lo que se necesita para crear un nuevo hábito, es algo tan sencillo, pero que a veces puede tener repercusiones negativas en nuestra vida, es como un arma de doble filo que puede hacerte tanto daño como tanto bien.

Los malos hábitos también se pueden aprender, sin que te des cuenta puedes estar arruinando poco a poco tu vida, es una posibilidad que nos persigue a todos y es muy difícil darse cuenta de los malos hábitos propios, ya que se vuelven parte de nuestra vida y pensamos que son naturales, que es natural sentirse triste o frustrado, que es natural querer estar solo todo el tiempo y aislarnos de los demás, pero esto no es así, son pensamientos y hábitos negativos que se han instalado en tu cerebro y que están haciendo que veas y pienses las cosas de una forma errónea. Pero no te preocupes, recuerda que tu cerebro siempre puede adaptarse a nuevos estímulos para cambiar su configuración básica.

La neuroplasticidad y los hábitos

Los hábitos son una de las manifestaciones más importantes de la neuroplasticidad. Seguro habrás escuchado que hay formas de desarrollar nuevos hábitos en tan solo 21 días, muchos expertos afirman que si logras seguir una rutina durante este periodo de tiempo entonces será muy probable que esta se convierta en un hábito que tu cerebro reproducirá de forma automática. Por ejemplo, si te propones levantarte más temprano para ir a correr por las mañanas al principio te costará trabajo, te sentirás cansado y tendrás que motivarte a ti mismo para realizarlo. Con el paso del tiempo verás como se vuelve más sencillo, despertarás más descansado, podrás correr más rápido y por un mayor tiempo. Al cabo de 21 días será casi natural para ti hacerlo, te despertarás sin la necesidad de tu despertador, saldrás de la cama sin problema, te pondrás tu atuendo deportivo y sin que te des cuenta ya estarás trotando. Esto es la neuroplasticidad en su máxima expresión.

Este es solo un ejemplo, pero se puede aplicar a muchas situaciones, si te propones a cambiar algo de tu personalidad, entonces tendrás que hacer cambios en tus hábitos. Para hacer esto tienes que aplicar los conocimientos que te hemos aportado sobre plasticidad neuronal. La relación entre la neuroplasticidad y los hábitos es muy evidente, la repetición y la práctica hacen que tus comportamientos modifiquen la estructura de tus neuronas, la forma en la que se organizan y su respuesta ante los estímulos. Todo lo que te pasa a lo largo del día o todo pensamiento que viene a tu cabeza tiene un impacto en tu cerebro, de tal forma que si tienes pensamientos recurrentes y realizas acciones repetitivas estas crearán un modelo de comportamiento identificable como un hábito. Es como cuando instalas una aplicación nueva en tu smartphone, los hábitos te sirven para realizar toda una serie de acciones de manera automática.

Los hábitos son parte de la vida de todos, cada quien tiene los suyos y su vida está determinada fuertemente por ellos. Hay una historia muy buena acerca de los hábitos que puede ayudarnos a comprender mejor esta idea, esta anécdota se trata de un niño que va al circo y ve que hay un elefante encadenado de una pata, el niño le pregunta a los adultos por qué el elefante no se escapa, a lo que le responden que la verdadera razón por la que el animal no se escapa, a pesar de que es los suficientemente fuerte para hacerlo, es porque el elefante no sabe que se puede escapar. El elefante eres tu y las barreras y cadenas que te impiden escaparte son tus malos hábitos.

La importancia de los hábitos en la vida

Retomando la idea del elefante podemos argumentar que los hábitos pueden ser muy perjudiciales para nuestro bienestar en general porque son imperceptibles para nosotros mismos y nos ponen barreras infranqueables. En el mundo real no hay una montaña imposible de escalar, la única cosa que realmente te puede detener es tu propia mente por medio de tu inseguridad y los malos hábitos alojados en tu cerebro, en tu forma de pensar y en tu estado de ánimo. El viejo proverbio reza que "no hay peor ciego que el que no quiere ver", pues es muy cierto, si tu mente está manchada por una negativas intrínseca, te será imposible lograr superar tus problemas, te sentirás derrotado aún antes de hacer nada, por lo que todo aquello que te propongas fallará irremediablemente porque tu mente está programada para fallar.

Esta situación es muy preocupante, pero puede ser diametralmente opuesta, si crees en ti mismo y adoptas una configuración mental positiva podrás superar cualquier dificultad, serás un elefante consciente de su fuerza y de la facilidad que implica romper tus cadenas para ser libre, tu mente es tan fuerte como todos los elefantes del mundo, tus cadenas no son como las piensas, solo debes volverte consciente de tu potencial, una vez que lo logres te darás cuenta de que la prisión está en tu mente, solo necesitas abrir la puerta hacia la positividad y el crecimiento personal, no hay jaula o cárcel en el mundo que sea capaz de detener a un poderoso elefante empoderado.

Esta analogía del elefante es muy buena para demostrar la importancia que tienen los hábitos en nuestra vida, todos vemos la vida de una forma condicionada, nuestra configuración mental determina qué podemos o qué no podemos hacer. Lo que tenemos que llevarnos de esta historia es que siempre podemos cambiar, nunca se es demasiado tarde para liberarnos de nuestras ataduras y disfrutar la vida que siempre hemos soñado, los hábitos son moldeables al igual que nuestro cerebro, todo lo que pasa dentro de nuestra mente puede ser mejorado y reprogramado para que los hábitos buenos y positivos sean más que los negativos.

¿Qué son los malos hábitos?

Un mal hábito es aquel que nos impide hacer las cosas de la manera que deseamos, aquel que nos obliga a abandonar nuestros proyectos o que nos impide mejorar nuestra salud. Los malos hábitos nos persiguen todo el tiempo, nunca se está a salvo de ellos, pueden crearse en tu cerebro sin que te des cuenta y son muy difíciles de dominar. Todos tenemos malos hábitos, en diferentes medidas, pero sin duda alguna costumbre poco agradable tendrás. Piensa en esas cosas que sabes que no están bien pero que no puedes evitar como dormir hasta tarde, no poner las cosas en su lugar, ser sucio o decir malas palabras frecuentemente.

Pero estos no son la única clase de malos hábitos que puedes tener, hay unos más perjudiciales que se relacionan con tu psique y tus emociones. Tal vez seas demasiado derrotistas, o puede que tengas miedo de hablar en público, tal vez no puedes expresar libremente tus emociones y tengas la mala costumbre de encapsular todo tu malestar y dolor en tu alma. Esta clase de malos hábitos son los más perjudiciales para ti, pueden hacer que tengas alguna enfermedad crónica y hacer que tu vida diaria sea una pesadilla. Si no haces algo al respecto pueden llevarte a problemas más graves como la depresión clínica.

Toda esta clase de comportamientos son aprendidos, no es que hayas nacido inseguro o con baja autoestima, son formas de actuar que fuiste aprendiendo en tu entorno social, con tu familia o en la escuela. A lo largo de toda tu vida has ido creando tu personalidad y tu forma de pensar, estos elementos influyen en los buenos o malos hábitos que tengas, todo cuenta, todo lo que sucede a tu alrededor tiene un efecto en ti. Lo importante es que puedes cambiar tus hábitos si así lo deseas, no hay nada que no puedas modificar, tu cerebro es una herramienta muy avanzada que puede cambiar aún los hábitos más perjudiciales que tengas, lo único que debes hacer es hacerte un plan de trabajo y reprogramar tu cerebro.

¿Cómo cambiar nuestros hábitos?

La respuesta a esta pregunta es muy sencilla, para construir nuevos hábitos, unos más provechosos y que te permitan vivir con mayor tranquilidad y seguridad en ti mismo, lo primero que tienes que hacer es reconocer cuáles son tus malos hábitos, en qué aspectos de tu vida tienes problemas y cuáles son los pasos que debes dar para dejar atrás estos comportamientos. Tu cerebro puede modificarse de manera radical si pones el empeño necesario y te apegas a un estricto plan, con tiempo y un poco de dedicación puedes lograrlo. Un buen hábito es como una flor, la tienes que regar todos los días, cambiarla de maceta y ver como florece frente a ti. De la misma manera, tu vida puede florecer al cuidarte a ti mismo, nutrirte de pensamientos positivos y tener una mente mucho más saludable.

Recuerda que los hábitos se crean por medio de actos repetitivos que van modificando las estructuras neuronales de tu cerebro. Crear un hábito nuevo es como aprender algo que no sabías, necesitas de práctica y tiempo. ¿Recuerdas la curva de aprendizaje? Sucede lo mismo con los hábitos, entre más tiempo pase y más práctica tengas, tu mente se irá habituando al nuevo comportamiento hasta que comiences a realizarlo de manera inconsciente. Así funciona con todo, puedes cambiar tus hábitos de ejercicio, alimenticios o de lectura siguiendo un sencillo programa de trabajo, no importa lo que estés buscando, la forma de reprogramar los malos hábitos es la misma siempre, hacer y repetir hasta que se vuelva inconsciente.

Lo primero que debes hacer es conseguir una

motivación, pregúntate ¿qué beneficios deseas conseguir de un buen hábito? ¿Qué momento del día utilizarás para poner en práctica tu nuevo comportamiento? ¿Qué pasos debes seguir y en cuánto tiempo planeas lograr tu objetivo? Las respuestas a estas preguntas serán tu guía en el camino hacia una vida de hábitos saludables. Ya que has identificado los puntos principales y comienzas, todo será más sencillo. Lo más difícil siempre es al principio, una vez que pasa el tiempo te vas a costumbrando y en cuanto comiences a percibir los beneficios te sentirás más motivado para seguir. El cambio verdadero no es algo sencillo de conseguir, si no practicas por el tiempo suficiente no alcanzarás a ver los resultados.

La importancia de cambiar tu forma de pensar para cambiar tu vida es determinante, nada puede suceder en tu vida si no te preparas mentalmente para lograrlo, todo lo que necesitas es hacer una evaluación de tu vida, ver qué es lo que está mal, qué te falta, cuáles son tus metas y cuál es el camino que debes seguir para lograrlo. Cambiar nuestros hábitos negativos por otros positivos puede hacer una gran diferencia en tu vida. Los hábitos saludables te aportan grandes beneficios para tu bienestar físico y mental, si dedicas gran parte de tu tiempo a esto verás que todos tus problemas de ansiedad o cognitivos irán disminuyendo con el tiempo, los buenos hábitos son parte primordial de una reprogramación cerebral efectiva, son la base de los cambios significativo en tu vida, así tu cerebro adoptará una configuración óptima que te permitirá explotar tu potencial y te dará los elementos para disfrutar de las cosas buenas que lleguen a ti.

En el siguiente capítulo hablaremos de algunos temas que te motivarán a buscar un cambio, hablaremos de los beneficios de reprogramar tu cerebro y los caminos por los que puedes comenzar a hacerlo. Con los consejos y la información que te hemos dado hasta este momento puedes comenzar a reprogramar tu cerebro, ahora tienes un conocimiento más profundo de la manera en la que funciona tu mente. Puedes tomar notas de las principales características de la neuroplasticidad, los hábitos y su impacto en tu vida, así te será más sencillo elaborar un plan de acción sencillo para aprender nuevos hábitos. No te esfuerces por cambiar de manera radical, comienza con algo pequeño, un cambio saludable que puedas realizar con relativa facilidad y que te otorgue grandes beneficios a tu bienestar físico y emocional. El momento de cambiar es ahora, si dejas pasar más tiempo estarás restándole días de felicidad a tu vida, estás a solo unos pasos de conseguir el tipo de vida que deseas, así que, ¿qué es lo que estás esperando para tomar el control de tu vida y beneficiarte de las bondades de tu propio cerebro?

CAPÍTULO CUATRO:

EL MOMENTO DE CAMBIAR

HA LLEGADO

Este capítulo es muy importante porque hablaremos de los elementos fundamentales para lograr que la neuroplasticidad funcione para nosotros, sin estos elementos nada sería posible. Muchas veces nos proponemos metas o hacemos planes para cambiar pero después de un tiempo lo abandonamos. ¿Por qué pasa esto? Porque no tenemos la motivación adecuada.

Sin motivación cualquier proyecto que nos propongamos fallará, muchas personas no tienen la disciplina necesaria para terminar lo que comienzan, no saben qué es lo que tienen que cambiar, intentan hacer grandes cambios y de forma simultánea. Es natural que al principio de todo proceso te encuentres inseguro y que cometas algunos errores de principiante. Debes estar consciente en todo momento de que nadie es perfecto y de que las cosas casi nunca salen bien la primera vez que lo intentas, es natural, no pierdas el ánimo, no dejes que un pequeño tropiezo te detenga. Tu cerebro no está acostumbrado al cambio, por lo que sentirás alguna resistencia y te será difícil lograrlo. Sin embargo, con la asesoría correcta ningún propósito es imposible.

¿Cuáles son los factores clave para cambiar tu cerebro?

Hay una serie de errores comunes que se pueden evitar si tomamos en cuenta los factores clave para reprogramar tu cerebro. Todos los hábitos que hemos aprendido a lo largo de nuestra vida se encuentran grabados en nuestra mente, se necesita de grandes cantidades de tiempo y esfuerzo para comenzar a borrar estos comportamientos negativos. Para que no te sea demasiado complicado y puedas conseguir resultados reales necesitas tomar en cuenta los siguientes 6 factores para que consigas un cambio profundo.

1. Identificar el nuevo comportamiento que quieres aprender

Lo primero que debes hacer es conseguir un propósito mayor, algo que le dé sentido a tu búsqueda, no se trata solo de cambiar por cambiar, debes pensar en todo lo que representa cambiar tu forma de pensar. Tu vida mejorará exponencialmente, los beneficios que puede traerte a ti y a las personas que te rodean pueden ser muchos si realmente crees en ti y encuentras un fin superior al cual aferrarte. Tener un objetivo te ayudará a enfocar tus esfuerzos y a darle un propósito a tus días y a tus energías. Si te conoces bien y sabes lo que quieres en realidad te será más fácil saber qué clase de hábitos debes desarrollar primero, enfócate en aprovechar tus fortalezas y piensa todo el tiempo en tus debilidades.

Ahora veamos un ejemplo, si tienes problemas de temperamento y tu propósito es cambiar por completo tu carácter, tendrás que hacerlo de manera gradual, de la noche a la mañana no podrás convertirte en una persona amable y tranquila, tienes que hacer cambio pequeños que se vayan acomulando para que así realmente puedas conseguir un gran cambio. Puedes comenzar planteándote ser más paciente con tus compañeros de trabajo, tal vez puedas contar hasta 10 cuando sientas que estás perdiendo la calma, tal vez lo que te funcione sea practicar meditación y repetir un mantra antes de que te enfrentes a una situación estresante. Tú sabes cuáles son tus carencias, enfócate en trabajar en lo que realmente está en tus manos y no en hacer planes irrealizables. Para resolver cualquier problema lo primero que se debe hacer es reconocerlo, sé sincero contigo mismo y encontrarás las carencias que están haciendo que falles cuando intentas ser una mejor persona.

2. Centrarse en una habilidad a la vez

Cuando estás aprendiendo algo nuevo es recomendable que solo te centres en una habilidad hasta que logres dominarla, una vez que lo has logrado debes pasar a la siguiente. Si tratas de desarrollar varias acciones al mismo tiempo tus neuronas se pueden confundir y no saber qué conexiones son las que deben crear. No trates de cambiar tu vida de la noche a la mañana, primero plantea objetivos realistas y no te detengas hasta que hayas conseguido dominar una sola habilidad. Siempre conseguirás mejores resultados si enfocas todos tus esfuerzos en una sola tarea, ¿recuerdas el ejercicio del reloj del programa Arrowsmith? La concentración es fundamental para sacar de tu cerebro lo mejor de ti.

Cuando tratas de aprender muchas cosas a la vez estás poniendo a tu cerebro bajo mucha presión. La concentración y la relajación son partes fundamentales para que puedas desarrollar cualquier capacidad y habilidad al máximo. Por ejemplo, un niño antes de aprender a correr debe aprender a gatear, por ello es muy importante que te tomes las cosas con calma y avances dando un paso a la vez. Cuando una persona quiere aprender a nadar lo primero que tiene que aprender no son técnicas o estilos de nado, lo primero que necesita es aprender a respirar, es muy distinto respirar cuando estás nadando que cuando estás fuera del agua, si no aprendes a respirar te será imposible ser un buen nadador. Lo mismo pasa con tus hábitos y forma de pensar, primero debes cubrir las habilidades más básicas para después pasar a las realmente complicadas. Verás que conseguirás mejores resultados si te enfocas en aprender una sola cosa, práctica incansablemente esa habilidad hasta que la hayas dominado por completo, así podrás pasar a la siguiente habilidad, esto te dará la seguridad de saber que tienes bases más sólidas.

3. La práctica

La práctica es fundamental en este punto del proceso, tan pronto como te propongas aprender una habilidad nueva debes ponerla en práctica. La aplicación real de la habilidad te mostrará cómo son los procesos de aprendizaje tu mente y hará que tu cerebro realice conexiones neuronales nuevas. Habrá una hora del día en la que tu cerebro estará más dispuesto, procura practicar durante estos momentos para que todo se desarrolle de forma más eficiente. Al principio no será fácil, encontrás que tu cuerpo se resiste, pero si te mantienes firme con el tiempo podrás ver mejoras que te harán sentir mejor. La constancia es uno de los pilares básicos de una vida saludable, ser constante en todo lo que hacemos es una virtud que te ayudará a reprogramar tu cerebro con mayor facilidad, no importa qué tan difícil sea la tarea que te propones realizar, con perseverancia todo es posible.

La práctica constante es lo que hace la diferencia entre las personas que logran resultados y aquellas que abandonan sus planes antes de conseguir cambiar. Usain Bolt, el famoso velocista jamaiquino, pasa más de cuatro años practicando para realizar una carrera que apenas dura 10 segundos, esta clase de constancia es lo que separa a los triunfadores del resto del mundo. Como hemos comentado anteriormente, la repetición y la práctica son fundamentales para que tu cerebro pueda crear nuevos hábitos, los actos repetitivos hacen que las conexiones neuronales se vuelvan más fuertes y que la información pase más fácilmente entre tus neuronas.

4. La visualización

Hay estudios que revelan que el practicar una habilidad en tu mente es casi tan efectivo como la práctica real. Si combinas ambas verás resultados mucho más rápido. Esto se debe a que nuestra mente tiene una capacidad de adaptarse muy grande y hay veces que no distingue entre un estímulo interno y uno externo. Los grandes deportistas pasan largas horas visualizando sus rutinas, este entrenamiento mental ayuda a que su cerebro pueda aprender una habilidad nueva y a que sea más fácil llevarla a cabo en el mundo real.

El entrenamiento mental ha sido estudiado por varios científicos en los últimos años, las conexiones mentales que se crean a la hora de practicar se refuerzan al hacer ejercicios de visualización, lo cual se traducirá en un mejor desempeño al momento de llevarlo a la práctica real. Cuando quieras realizar cualquier acción, es recomendable que pienses en ella con mucho detenimiento antes de practicarla en el mundo real, tu cerebro recibirá señales que le indiquen que esta es una actividad que ya conoce, lo que le ayudará a mejorar sus conexiones neuronales y a transmitir información de una manera más eficiente.

5. La constancia

Este es uno de los puntos más importantes, si no eres consistente y te mantienes activo nunca podrás reprogramar tu cerebro. La clave para dominar cualquier habilidad o para crear hábitos nuevos es la constancia, no podrás sustituir tus conexiones mentales negativas si no le dedicas suficiente tiempo a lo que te propones. La repetición es un elemento necesario para lograrlo, práctica todo lo que puedas, todos los días si es posible. Si comienzas un proyecto no lo abandones a la primera de cambio, mantente firme y se constante, te será difícil al principio pero con el paso del tiempo verás cómo se va volviendo algo natural para ti, no tendrás que pensar conscientemente en ello ya que se volverá parte de tu configuración cerebral.

La constancia requiere de un esfuerzo continuo, supone alcanzar lo que te propones al buscar soluciones a las dificultades que puedan surgir, es un valor primordial para obtener un resultado concreto.

Con perseverancia se obtiene la fortaleza para no buscar lo fácil y lo cómodo. El estudio siempre implica paciencia y perseverancia para su conclusión. Por esto es muy importante que los niños aprendan a ser perseverantes.

6. La motivación

La motivación se puede entender como la fuerza que permite que un proceso se inicie y se mantenga orientado a lograr un objetivo particular o satisfacer una necesidad. La motivación es la energía que nos hace actuar y nos permite seguir adelante en situaciones difíciles o que hace que te levantes en las mañanas. Las motivaciones más básicas son las que se relacionan con nuestras necesidades, como servir un vaso de agua cuando tenemos sed, preparar comida cuando tenemos hambre, buscar compañía cuando nos sentimos solos. Este es el factor más importante de todos los que hemos analizado hasta este punto, sin la motivación adecuada nada de lo que te propongas podrá realizarse. Muchas personas se plantean proyectos para mejorar su vida pero los abandonan a medio camino, si tu motivación no nace de algo real, entonces tus intenciones no dejarán de ser solo eso, mera intención, pero cero resultados.

La motivación se puede encontrar en todos los animales como una respuesta ante las adversidades, el hambre, el miedo y el deseo de conservación. Son elementos que impulsan a los seres vivos a actuar de distintas maneras para conservar su bienestar y asegurar la continuación de su especie. En los humanos el racionamiento puede modificar este deseo, llevándolo más allá de este estado básico para construir deseos más complejos y diversos. Hay tantas fuentes de motivación como personas en el mundo, todos pensamos y sentimos de manera diferente, por lo que cada quien tiene un motivo distinto para enfrentar sus adversidades.

Tipos de motivación

La motivación depende de muchos factores, el nivel de impulso depende de cada persona, no todas las personas basan sus esfuerzos en los mismos objetivos, es algo muy subjetivo que puede variar de persona a persona o incluso dependiendo del tiempo y el estado de ánimo que estés sintiendo, pero podemos encontrar varios patrones que nos permiten hacer una lista de los distintos tipos de motivación que hay. La clasificación se basa en las fuentes de la motivación y sus intenciones. A Continuación hablemos de los cuatro tipos principales:

Motivacion interna

La motivación interna, como su nombre lo indica, proviene del interior del individuo más que de cualquier recompensa externa. Se relaciona a los deseos de crecimiento personal y autorrealización, además es un componente relevante a la hora de conseguir placer cuando se realiza una actividad, estas recompensas que te hacen sentir bien son las que se conocen como la motivación intrínseca. Por ejemplo, una persona que acude todos los días a nadar solo por el placer que supone practicar su deporte favorito y de estar en contacto con el agua.

Este tipo de motivación está vinculado con la buena productividad y el deseo de ayudar al prójimo, ya que el individuo no se limita a conseguir los mínimos resultados necesarios para obtener un beneficio personal, sino que se involucra a un nivel más íntimo y decide poner mayor empeño para terminar cualquier actividad con un sentimiento de realización. Si tienes la mentalidad adecuada, cualquier actividad que realices te puede resultar placentera, lo que te motivará a trabajar con una buena disposición y con gusto.

Motivacion externa

Esta clase de motivación se refiere a que los estímulos vienen de una fuente exterior al individuo y la actividad misma que se realiza. Los factores motivadores son las recompensas externas que se obtienen al realizar cierta actividad. Estas recompensas pueden ser el dinero, el reconocimiento de tus colegas o un ascenso. La motivación externa no se relaciona con el bienestar personal que da realizar una acción, esta es solo un medio para conseguir una recompensa. Por ejemplo, una persona que acude todos los días a practicar fútbol no por el simple placer que da el juego sino con la intención de mejorar sus habilidades para ser contratado en algún equipo profesional.

Este tipo de motivación puede ser menos

constante que la motivación interna, ya que la recompensa puede cambiar o el individuo puede perder interés con el paso del tiempo. Los impulsos que llevan a una persona a realizar cierto tipo de actividades pueden ser satisfechos de distintas maneras, si lo que te motiva es el dinero tal vez tu respuesta no sea solo trabajar con mayor empeño, ya que hay distintas formas de conseguirlo, por esta razón el nivel de motivación que te dan las recompensas externas es de menor tamaño.

Motivacion positiva

Este tipo de motivación se relaciona con el placer y las recompensas internas, si algo nos ocasiona bienestar, buenos deseos y camaradería, entonces se puede decir que es una motivación positiva. Lo principal aquí es que las ganas de realizar algo nacen de un sentimiento constructivo, algo que busca sumar y no restar. Este tipo de motivación es el más común que podemos encontrar, si es bien encaminada te permitirá conseguir buenos resultados en tu vida, como mejores relaciones personales, un mejor desempeño laboral o simplemente paz mental.

Motivación negativa

En el mundo en el que vivimo puede haber motivaciones negativas, es decir, que lo que te impulsa a realizar una acción es evitar alguna situación negativa, desagradable, puede ser externo, como evitar un castigo, la humillación o algún daño físico, pero también puede ser interna, como evitar el sentimiento de culpa y la vergüenza.

Cada persona es diferente y las fuentes de la motivación pueden ser tan variadas como hay animales en el mundo. Tú puedes tener tus propios motivos, todos tenemos sueños y aspiraciones, todos tenemos a alguien que le dé sentido a nuestra vida, puede ser tu pareja, tu familia o tu mascota, no importa, lo que realmente cuenta es que encuentres aquello que te haga sentir motivado y por lo que estés dispuesto luchar hasta tu último aliento.

Consejos para motivarse

La motivación se parece a la inspiración, los artistas siempre dicen que el arte es 90% trabajo y 10% inspiración y que la inspiración para que sea útil debe encontrarte trabajando. Algo similar pasa con la motivación, si constantemente realizas actividades que estimulen tus ganas de trabajar o superarte, entonces te será más fácil mantenerte motivado y conseguir todo lo que te has propuesto. El camino a una mejor vida comienza por tomar una decisión, la decisión de cambiar. Por esta razón compartimos contigo algunas técnicas efectivas para que tu motivación sea constante y puedas llevar a buen puerto todos los proyectos que te propongas.

1.   Haz un diario de éxitos

La escritura de un diario tiene muchos beneficios para tu salud mental, si haces un diario exclusivamente sobre los éxitos que has conseguido, te será de gran ayuda para mantenerte motivado. Esto es importante porque muchas veces tenemos mala memoria y nos dejamos llevar por el sentimiento de fracaso y desesperación, pero este es un mal hábito que puede ser combatido con algo tan simple como hacer una lista de todas las cosas que te han salido bien a lo largo del día. Un diario de tus éxitos te ayudará a recordar que todos los días estás librando una batalla y que como en todo, tendrás algunos fracasos pero también tendrás logros.

Recordarte a ti mismo las cosas que haces bien es fundamental para que no pierdas el enfoque y te sientas bien. Puedes leer tus éxitos cuando te sientas desanimado, verás que eres una persona productiva que puede hacer que las cosas funcionen. Un mal día puede ser fatal para una persona que quiere cambiar sus hábitos y reprogramar su cerebro, por ello recordar tus pequeños logros puede hacer que recuperes la calma y retomes el camino del entusiasmo. La negatividad es como una enfermedad que se esparce por tu mente y que te hace olvidar las cosas buenas de la vida, no dejes que te domine, con un diario de tus éxitos puedes reemplazar los pensamientos negativos con pensamientos realistas y positivos.

2.   Piensa de manera positiva

Este punto es muy complejo, no se trata solo de decir "soy positivo" y por arte de magia lo serás, sino que es un camino de autoexploración por el que debemos transitar. La positividad no se encuentra solo en los pensamientos que tenemos, también nuestras acciones pueden ser positivas, si te esfuerzas en ayudar a otros, esto te traerá bienestar emocional y psicológico. Las recompensas de tener una mentalidad positiva son muchas, la positividad es el principio de una vida más plena, de mejores relaciones interpersonales y de una mente más saludable.

Hay distintas maneras de ser más positivo, puedes estar agradecido por lo que tienes, vivir en el presente y centrarte solo en las cosas que tienes y no en las cosas que deseas. Todo depende del grado de madurez que tengas, la forma en la que ves el mundo determina la vida que vives, si puedes mantener una actitud positiva ante la vida, es seguro que tendrás mejores resultados a la hora de cambiar tus hábitos y serás más feliz. Práctica todos los días en las mañanas, antes de salir de tu casa tómate un tiempo para decirte a ti mismo cosas positivas para que comiences el día con el pie correcto.

3.   Visualiza tus logros

Todas las mañanas, antes de que salgas de tu casa para irte a la oficina debes tomarte un tiempo para imaginar cómo sucederán las cosas ese día. Haz en tu cabeza un recuento de las cosas que dirás, de las personas con las que hablarás y los objetivos que lograrás. Tu cerebro toma estos estímulos de manera positiva, es la misma clase de entrenamiento mental del que hablamos anteriormente, con él tu cerebro aprende y se prepara para tener un mejor desempeño a la hora de enfrentar cualquier reto que se le presente.

Si puedes visualizar en tu cabeza los beneficios de alguna acción podrás estar más motivado, tómate el tiempo de imaginar las cosas que te harían feliz, cosas como conseguir un aumento, comprar un carro nuevo o conocer al amor de tu vida, mientras más tiempo pases visualizando estas situaciones más fácil será para tu cerebro crear las conexiones neuronales necesarias para conseguir que estos sueños se materialicen. Debes tener un enfoque sistemático no se trata solo de fantasear despierto, debes visualizar las cosas de la manera más puntual y detallada posible.

4. El rayo no cae dos veces en el mismo lugar

Los errores siempre se presentarán en tu camino, es imposible que alguien pueda triunfar en cualquier ámbito de la vida si no ha fallado por lo menos una vez en su vida. Una derrota, un retroceso o una dificultad pueden desmotivarte severamente. Para que esto no te suceda, debes estar consciente de que el fracaso es parte del proceso, se aprende mucho más de una derrota que de una victoria. Lo importante aquí es que pienses que si hoy fallaste mañana será diferente, el fracaso no te perseguirá por el resto de tu vida, si hoy no pudiste alcanzar tus objetivos tienes la oportunidad de hacer un recuento para diseñar una estrategia que te permita triunfar el día de mañana.

Todos podemos aprender de nuestros errores, es una parte primordial de la vida, pero no porque has fallado una vez signifique que nunca podrás lograrlo. Recuerda que un rayo nunca cae dos veces en el mismo árbol, si hoy te ha tocado perder, mañana te tocará ganar. La diferencia la haces tú, tu actitud ante la derrota y tus ganas de superación, si te tropiezas no te preocupes, te puedes levantar, así será siempre, no importa cuántas veces falles, siempre tendrás la oportunidad de intentarlo de nuevo, es matemáticamente imposible que siempre falles, tarde o temprano encontrarás la manera de salir del hoyo.

5.   Comparte tu entusiasmo con alguien

Cuando se trata de mantenerte motivado, nada ayuda más que el aprecio de las personas que te rodean. Tus amigos y familiares pueden ser una fuente excelente de motivación, comparte con ellos tus planes y tu progreso, verás que sus palabras de aliento y su cariño recargarán las pilas de tu motivación para que logres llevar a buen término todo lo que empiezas. Otra forma de motivarte es la sana competencia entre amigos, puedes hacer un pacto amistoso para que tú y tus seres cercanos se embarquen juntos en un viaje de motivación y compañerismo.

Tener a alguien que te de palabras de aliento puede hacer mucha diferencia en tu vida, todos necesitamos recibir afecto y consideración de los demás. Tus seres queridos pueden ser la mejor fuente de motivación que existe, ellos sabrán alentarte cuando estés pasando por un mal momento o podrán hacer que tu felicidad se multiplique cuando la compartas con ellos. El cariño de alguien puede hacer que veas el mundo de otra manera, el amor es el motor que hace al mundo girar, una vida sin seres queridos es una vida desperdiciada.

6. Las dos listas

Esta técnica consiste en elaborar dos listas al final del día, en una de ellas debes poner todas las cosas que te salieron mal durante el día y las cosas que te salieron bien. Todos los días haz tus dos listas, es importante que seas sincero y pongas absolutamente todo lo que hiciste esa jornada. Al principio puede que tu lista de errores sea más grande que la de aciertos, el objetivo de esta técnica es que analices a profundidad la lista de fallos para que al día siguiente puedas resolver las cosas que no salieron bien y puedas hacer crecer tu lista de éxitos.

Conforme pasen los días verás que tu lista de errores se irá volviendo más pequeña, tu principal motivación debe ser que se vuelva tan pequeña que al final de cada día tengas una sensación de realización, trabaja arduamente para que al día siguiente busques tener un día perfecto, con una lista de errores en blanco. Esta técnica es muy sencilla pero te ayudará a mantenerte enfocado en resolver los problemas que te encuentres, verás que todo lo que te propongas será más sencillo si tienes la motivación adecuada.

De nada sirve plantearse un cambio si no crees en el cambio, tienes que estar convencido de que el cambio es posible, de que tú eres capaz de lograrlo y de que vale la pena salir de tu zona de confort para conseguirlo. Todos tenemos lo necesario para reprogramar nuestro cerebro, es un camino de autoconocimiento y de aceptación de las cosas que no podemos controlar. Tienes que mantenerte motivado a lo largo del proceso ya que sin duda experimentarás altibajos, es una parte natural del camino, pero si no cuentas con la mentalidad correcta, abandonarás tus proyectos antes de que los verdaderos beneficios aparezcan, para que esto no te suceda, debes poner en práctica todos los consejos que te hemos dado en este libro hasta el momento.

En este capítulo hablamos de la importancia que tiene estar motivado para lograr que la neuroplasticidad funcione en nosotros. La motivación es la tan necesaria semilla que se convertirá en un fuerte y enorme árbol. Con la mentalidad correcta y la constancia te será sencillo permanecer motivado en todos los proyectos que te propongas. Si haces de la positividad un hábito, verás que todo se puede lograr. No es una cuestión de habilidad, dentro de ti tienes las mismas capacidades de un genio, tu cerebro es una máquina sorprendente que puede hacer realidad todo lo que se proponga, tú también puedes sacar provecho de ese potencial, si reprogramas tu cerebro lo harás realidad.

CAPÍTULO CINCO:

LA IMPORTANCIA DE LOS PENSAMIENTOS PARA LOGRAR UN CAMBIO

En este apartado hablaremos de la importancia de los pensamientos en nuestra vida. Es momento de tratar uno de los componentes más importantes de este libro, el pensamiento, esa operación abstracta que tiene lugar en nuestro cerebro y que modifica la estructura de este órgano. Hablar sobre los pensamientos no es una tarea sencilla, ciencias como la filosofía, la psicología y la lógica se han dedicado a estudiarlo de manera exhaustiva y todas tienen distintas maneras de conceptualizarlos. Sin embargo, podemos hacer una correlación entre las imágenes mentales que se crean en nuestra cabeza con las acciones que realizamos en nuestro vida diaria. Los pensamientos no son solo ideas que rondan por nuestra cabeza, son la fuente de nuestra personalidad, nuestra forma de enfrentarnos al mundo y la capacidad que tenemos de cambiar a nosotros mismos.

Modificar nuestros pensamientos es fundamental para reprogramar nuestro cerebro, como hemos mencionado anteriormente, cada pensamiento que pasa por tu cabeza es capaz de alterar la estructura de tus conexiones neuronales, si aprendes a desechar los pensamientos negativos, tu cerebro se irá acostumbrando a ser más positivo, a ver la vida desde otra perspectiva y a producir más neurotransmisores de la felicidad. El pensamiento es una fuente inagotable de cambio, si tu mente puede imaginarlo entonces lo puedes realizar, su capacidad transformadora es tan grande que una simple idea puede cambiar la historia de un pueblo o del mundo entero.

¿Qué son los pensamientos?

Podemos definir el pensamiento como una operación mental de carácter individual que se produce a partir de un proceso de la razón. Los pensamientos son productos que elabora nuestra mente de manera voluntaria, con un orden aparentemente racional o involuntariamente a través de un estímulo externo. Todo producto creado por los seres humanos, artístico, científico o político, se crea a partir de un pensamiento madre que se gesta en la mente y que se va nutriendo de otros. El proceso de producción de pensamiento es muy complejo y se genera en distintas partes de tu cerebro, involucra a todo tu sistema nervioso central, tu cerebro, tus neuronas y tus órganos receptores. Para entender el pensamiento humano es necesario hacer una diferenciación de los motivos y la utilidad que tiene cada idea, sensación o impulso. Hay pensamientos que se generan como un proceso racional y otros que son intrínsecos resultados de información genética que nos acompaña desde el nacimiento, a estos los podemos clasificar como instintos, un tipo de respuesta a los estímulos externos que compartimos con el resto del reino animal.

El pensamiento tiene una clase de características bien definidas y que han sido analizados por los científicos a lo largo de la historia. Es acumulativo y se desarrolla a lo largo del tiempo, es decir que va aglomerando distintos pensamientos y se va transformando. Funciona por medio de estrategias que conjuntan distintos pensamiento con el fin de resolver algún problema en específico. El pensamiento está fuertemente ligado con el lenguaje, no solo se refleja en él sino que el propio lenguaje va configurando el pensamiento. Se transforma en un hábito de conservación para que no olvides cómo hablar o realizar funciones básicas como respirar o comer. Todas las acciones que realiza tu cuerpo van siempre respaldadas por un pensamiento, activo o latente, desde las cosas más básicas hasta las operaciones más complejas, todo lo que pasa en tu vida tiene un fundamento mental.

Las acciones y los pensamientos

Las acciones son la manifestación práctica de los pensamientos, todo lo que haces en tu vida va precedido por un pensamiento, tal vez no sea consciente o deliberado, pero sin los pensamientos te sería imposible realizar cualquier tarea. El pensamiento es el padre de la acción y eso es especialmente cierto en cuanto al cambio de hábitos y la programación cerebral. Cualquier acción tiene origen en un pensamiento inteligente, no es redundante expresar juntas las palabras pensamiento e inteligente, porque hay formas de pensar que, por más que se procesan en nuestra mente, no garantizan que las mismas entren en la categoría de inteligencia. Siempre se piensa, es un acto inconsciente que se realiza todo el día, casi en automático, lo que hace que muchas de las cosas en las que pensamos no tengan valor para las decisiones que realmente nos importan.

Nuestra inteligencia precede siempre a la acción y todas las metas que podamos proponernos en la vida. Los logros se basan en acciones, pero no puede existir acción alguna sin pensamiento. La diferencia entre el pensamiento activo y el pensamiento intuitivo que responde a una reacción automática al entorno, es que la intuición se aloja en nuestra parte primitiva del cerebro. Tus pensamientos inteligentes son en los que te tienes que concentrar para que puedas mejorar tu vida en todos los aspectos. El pensamiento humano es la fuente que mueve al mundo, todos los grandes logros de la humanidad nacen en el pensamiento de alguien.

La influencia de los pensamientos en nuestra calidad de vida

Una vida feliz y próspera nace de pensamientos de felicidad y prosperidad. Es algo simple, si tienes una actitud positiva verás el mundo de otra manera. Muchos de los problemas mentales relacionados con la ansiedad o el estado de ánimo se relacionan con una alta cantidad de pensamientos negativos que no te permiten ver las cosas de una forma objetiva. Tu identidad se crea por medio de tus pensamientos, tu historia personal y tu estado de salud. Para tener una vida saludable tiene que haber un equilibrio entre estos tres factores, todo en su correcta medida, ya que una acomulación excesiva de pensamientos puede causarte muchos problemas. Hay personas que nunca dejan de pensar en su pasado, se obsesionan con las cosas que han perdido o los errores que han cometido, esto no les permite vivir bien, ya que constantemente viven hundidos en la negatividad, la autocompación y el resentimiento.

Los pensamientos por sí solos no son malos ni buenos, es solo la forma en la que nos aferramos a ellos lo que los convierte en un problema. Los pensamientos negativos son comunes en la vida de las personas, pasan por nuestra mente continuamente, el problema es cuando nos obsesionamos con ellos y no nos permiten vivir nuestra vida de forma normal. Generalmente los pensamientos negativos suelen ser falsos y desproporcionados, nacen de una preocupación desmedida que no tiene sustento en la vida real, si puedes entender este proceso podrás dejar ir lo negativo y reemplazarlo con afirmaciones reales y positivas. Es vital que aprendamos a dejar ir los pensamientos malos y quedarnos con los pensamientos positivos, esto es lo que hace la diferencia cuando estamos tratando de tener una salud mental equilibrada. Si tienes problemas para distinguir los pensamientos positivos de los negativos entonces puede que tengas un desorden psicológico, por ello es necesario que reprogrames tu cerebro.

Tu calidad de vida puede mejorar sustancialmente si aprendes a clasificar tus pensamientos y a enfocarte en los positivos. Las conexiones neuronales de tu cerebro dependen de qué tipos de pensamientos sean los que más tiempo pasan en tu cabeza, todo lo que tienes que hacer es mandar mensajes positivos para que tu cerebro se acostumbre a la paz, la tranquilidad y la resolución de problemas. El estrés y la ansiedad parten de pensamientos negativos que te hacen reaccionar de manera desmedida ante situaciones que generalmente no son especialmente delicadas, las ves como algo más grande de lo que realmente son. Antes de continuar tomemos un momento para analizar cómo se producen los pensamientos y cual es su clasificación.

Los aspectos biológicos del pensamiento

La información se genera en distintos niveles de la mente humana, los pensamientos crean cambios en el sistema nervioso que pueden perdurar en el tiempo, a este cambio se le conoce como experiencia. Los pensamientos necesitan de muchas partes de nuestro cerebro para funcionar, desde procesos esenciales como la percepción por parte de nuestros órganos sensoriales, la atención, la memoria, el aprendizaje. Por otro lado, la imaginación, el lenguaje y el pensamiento simbólico también necesitan de una gran carga de energía para llevarse a acabo dentro de nuestro cerebro. Estas operaciones mentales son observables biológicamente, ya que involucran muchas estructuras del sistema nervioso encargadas de la recepción, envío y procesamiento de información.

La información que recibe tu cerebro no se incorpora al organismo de manera instantánea, sino que se convierte en conocimiento a partir de la evolución del sistema nervioso humano. Los estímulos e ideas son procesadas por tu cerebro, primero las recibe, las separa y las clasifica según sea el caso. Una vez que se ha categorizado se convierte en una señal que tus neuronas mandan del sistema nervioso central al resto de tu cuerpo. Este procesamiento de la información se da gracias a las tres funciones esenciales de la mente humana: la sensitiva, la integradora y la motora.

1. La función sensitiva

Como su nombre lo indica está basada en la sensación, es un proceso por el cual los órganos de los sentidos responden a los estímulos del medio ambiente, es decir que el mundo exterior incide sobre nuestros órganos y estos responden a ello. Es mediante esta función que se recibe la información sobre todo de aquello que nos rodea, por esto, se puede afirmar que las sensaciones son la base del conocimiento. La actividad sensitiva es comprendida como los estímulos provenientes del medio interno y externo en el que se desenvuelve el organismo humano.

2. La función integradora

Esta se conforma de todos los acontecimientos

que ocurren en el cerebro a partir de la recepción de los impulsos sensitivos y la posterior emisión de impulsos motores. Dicha función recoge la conciencia, las emociones, el lenguaje, la memoria y la psicomotricidad. Estas son capaces de interpretar la información sensitiva que llega y traducirla en impulsos nerviosos. Aquí es donde el cerebro toma la información y se encarga de clasificarla y desarrollarla para que se convierta en nociones o ideas. Esta capacidad es la que se encarga de que aprendas cosas nuevas o de que tu cerebro sea sanado por medio de ejercicios cognitivos.

3. La función motora

Esta última es la que se encarga del correcto funcionamiento motriz de nuestros cuerpos. La función motora permite el movimiento, tiene un papel primordial en la supervivencia humana y constituye el reflejo de las contracciones a nivel de los músculos y despierta los movimientos y secreciones. Esta función se da en la corteza cerebral, donde se encuentran las neuronas motoras que se encargan de mandar señales químicas a los músculos, glándulas u órganos.

Estas tres funciones rigen todo lo que hace tu cuerpo, para tener una buena salud mental debe haber un equilibrio entre estas funciones, para lograrlo debes tener mucha paciencia para aplicar los consejos que hemos compartido contigo a lo largo de este libro, las conexiones neuronales de tu cabeza dependen del correcto funcionamiento de tu cerebro y sus capacidades. No te desanimes si ves que tienes problemas para controlar las cosas que hace tu mente, tú tienes el control sobre todo lo que haces y piensas, solo necesitas hacerte consciente de cómo funciona tu cerebro y de cómo puedes intervenir en tus procesos cognitivos para reconfigurar tu cerebro.

Tipos de pensamiento

Este tipo de funciones hacen que el pensamiento se ramifique, cada operación mental que realizamos se distingue por la función que le damos, no es lo mismo soñar que creer o hacer una pregunta que pintar un cuadro, la mente humana ha evolucionado a lo largo de la historia para volverse más compleja y conceptualizar el mundo que nos rodea para poder entenderlo mejor y sentirnos parte de él. Estas distintas modalidades del pensamiento se pueden clasificar en estos 6 tipos:

- **El pensamiento inductivo** - Es el que se apoya en una particularidad y de ahí parte a las generalidades. Este es un tipo de pensamiento que se ha utilizado mucho en la filosofía, parte del reconocimiento de las premisas para llegar a una conclusión. Una muestra de esto podrían ser las encuestas o los censos de población que parten de una muestra para marcar tendencias o generalidades. Por ejemplo, cuando se dice que 8 de cada 10 personas son intolerantes a la lactosa es una generalidad a la que se llegó haciendo una inducción, partiendo de una parte de la población para hacer una generalidad.

- **El pensamiento deductivo** - Este es el proceso contrario al pensamiento inductivo, se parte de una generalidad para describir las partes. Si se conoce el todo, se puede suponer que cada una de las partes obedece a las mismas leyes generales. Un ejemplo sencillo de una deducción sería el siguiente: todos los leones son felinos, el gato es un felino, por lo tanto todos los leones son gatos.

- **El pensamiento interrogativo** - Este se refiere a un proceso mental en el que se desarrollan preguntas para llegar a un conocimiento nuevo. Es utilizado en algunos contextos relacionados con la resolución de problemas en donde es necesario un análisis de aquello que se pretende investigar. Se estructura por medio de preguntas, descomponiendo el problema de forma paulatina, intentando en todo momento llegar a la raíz del mismo.

- **El pensamiento creativo** - Es aquel se relaciona con la producción artística. Este es denominado creativo porque sus resultados son productos nuevos, pensamientos e ideas que no existían en el plano real y que pueden cambiar la forma en la que vemos el mundo. Esta es una de las características principales del ser humano, ningún otro ser vivo ha demostrado la capacidad de crear ideas o imágenes de cosas que no se encuentran en el mundo tangible.

- **El pensamiento analítico** - Este es el que clasifica las ideas y las interrelaciona, encontrando categorías y conceptos. Es un pensamiento razonable y reflexivo acerca de un problema, que se centra en decidir qué hacer o en qué creer y la relación existente entre ese problema y el mundo en general. El rasgo distintivo de este tipo de pensamiento es que divide el objeto de estudio o problema en partes más pequeñas que son identificadas, categorizadas y analizadas por separado para obtener una respuesta o solución.

- **El pensamiento crítico** - El pensamiento crítico es la capacidad manifestada por el ser humano para analizar y evaluar la información existente respecto a un tema determinado, intentando esclarecer la veracidad de dicha información y alcanzar una idea justificada al respecto ignorando posibles sesgos externos.

¿Cómo cambiar los pensamientos negativos por positivos?

Existen algunas técnicas que han desarrollado los psicólogos para poder discriminar y desechar los pensamientos negativos. Lo que tienes que hacer es tomarte un momento para analizar lo que estás pensando y sintiendo, los pensamientos negativos suelen ser respuestas desproporcionadas a las situaciones que te enfrentas en tu vida diaria. El primer paso siempre será identificar los pensamientos negativos, ¿cómo se hace esto? Pues una forma de hacerlo es escribir los pensamientos negativos en un papel, cuando hayas hecho una lista te será más fácil reconocerlos porque la negatividad tiende a ser recurrente, no se presenta solo una vez, lo hace en varias ocasiones y casi siempre de la misma manera. Para que puedas tener una mente más tranquila y deshacerte de todo lo que te causa ansiedad puedes aplicar alguna de las siguientes técnicas que compartiremos contigo a continuación:

1. **Etiquetar los pensamientos**

Una forma muy efectiva de identificar los

pensamientos negativos es la que se le conoce como etiquetar pensamientos, esta técnica hace uso de tu pensamiento analítico y crítico para que puedas discernir entre los pensamientos productivos y aquellos que solo te están quitando energía. Los pensamientos negativos distorsionan la información que recibes, para comprobar si lo que piensas es falso o no, piensa si se puede encajar en una de las siguientes categorías:

- **Generalizaciones**: vuelves una ley general algo que solo es una eventualidad, pensando que siempre se repetirá de la misma manera.

- **Totalización**: es cuando haces afirmaciones como nada, nadie, todos, siempre, nunca. Estos comportamientos suelen estar equivocados.

- **Adivinación**: cuando tratas de predecir lo que pasará en el futuro, sin tener ningún fundamento.

- **Arbitrariedad**: es cuando tú decides algo solo porque así lo decides tú.

- **Lectura mental**: cuando crees que puedes

saber lo que otros piensan de ti.

- **Tomarlo personal**: cuando crees que las acciones de los otros están enfocadas en ti.

- **Culpabilizar**: cuando le echas la culpa a alguien más por lo que te sucede.

- **Minimizar**: cuando tienes una idea desproporcionada de los hechos y sueles restarle importancia a tu desempeño o trabajo.

- **Deberías**: pensar en que los demás están obligados a hacer algo por ti.

- **Racionalizar las emociones**: cuando decides que lo que sientes es real.

- **Etiquetar**: pensar que una característica de una persona es lo que la define todas sus acciones.

- **Descartar lo positivo**: cuando te enfocas solo en las cosas que salen mal.

- **Falsedad**: tomar como falso todo lo que sientes, sin importar que la evidencia apunta a lo contrario.

Si tus pensamientos negativos entran dentro de alguna de estas categorías entonces te será más fácil reconocer que no son verdaderos, que son una respuesta desmesurada a tu situación y que solo te estás causando ansiedad a ti mismo. Los pensamientos como estos implican una suposición de los hechos que están más allá de ti, no te dejes llevar por la negatividad, si te descubres teniendo esta clase de ideas descártalas, déjalas ir, así como en el otoño los árboles mudan sus hojas, verás como te sientes mejor después de liberarte de un peso emocional tan grande.

2. Reestructuración cognitiva

Los pensamientos negativos solo son pensamientos, no se corresponden con la mundo real. Si estás pasando por un mal momento puedes detenerte a analizar tus pensamientos negativos y pasarlos por tres filtros:

- **El filtro se la evidencia**: lo primero que tienes que analizar es la veracidad de tu pensamiento. Hacer este análisis te ayudará a desechar gran parte de tu negatividad. Si ves que tus pensamientos son sólo suposiciones te será fácil descartarlos. Puedes hacerte las siguientes preguntas: ¿Es totalmente cierto lo que piensas? ¿Tienes evidencias de lo que estás pensando? ¿Tengo toda la información necesaria para pensar así? ¿Me infravaloro? ¿Existe otra explicación o forma más realista de explicarlo? Los pensamientos negativos pueden ser combatidos por el sentido común, es absurdo pensar que todo lo malo del mando te sucede a ti. Por ejemplo, es común pensar que nunca hay un taxi cuando se necesita, sin embargo es fácil desmentir esa creencia, la experiencia demuestra que los taxis no siguen ningún patrón y que no depende de tu suerte la ruta que toman los taxistas.

- **El filtro de la gravedad**: una vez que has pasado por el filtro de la evidencia y aún así sigues pensando que tu problema es real, entonces es momento de hacer preguntas que evalúen la magnitud de las consecuencias. Hazte las siguientes preguntas, ¿qué tan horribles serían las consecuencias? ¿Qué áreas de tu vida afectaría? ¿Podría recuperarme de este golpe? ¿Cómo han superado otras personas esta situación? ¿Sería algo imposible de superar? Todas estas preguntas te ayudarán a posicionarte, así verás que tus preocupaciones no tienen por que ser tan grandes.

- **El filtro de la utilidad**: en caso de que el pensamiento supere los dos primeros filtros, es decir que sea verdadero y grave, te puedes plantear las siguientes preguntas, ¿qué consecuencias tiene para mí pensar así? ¿Me ayuda a solucionar mis problemas? ¿Me sirve de algo pensar tanto en eso? ¿Tardará mucho esta situación? ¿Qué han hecho otras personas en esta situación?

- **El filtro de la acción**: Si todos los filtros anteriores han fallado y te sientes aún preocupado puedes plantearte las siguientes preguntas, ¿cuánto tiempo podré soportar esta situación? ¿Cómo puedo salir de este problema? ¿Necesito ayuda profesional para salir de este dilema? ¿Cuáles son los primeros pasos que debo dar para dirigirme hacia la solución? ¿Tengo la fuerza necesaria para salir adelante? ¿Es conveniente hablar con mis seres queridos acerca de esto?

Estos filtros te serán de gran ayuda para analizar y problematizar tus pensamientos negativos, si lo racionalizas verás que tus preocupaciones no son lo que parecen, a veces solo necesitas detenerte a respirar un momento y todos tus pensamientos negativos se pueden cambiar por otros más realistas.

3. **La técnica de la contra**

El fin de esta estrategia es detener los pensamientos negativos al momento de que los identificas y obtener el control sobre ellos. Es una técnica que aprovecha las posibilidades de la visualización para crear conexiones neuronales por medio del entrenamiento mental. Lo que tienes que hacer es darle una forma visual a tus pensamientos negativos, por ejemplo cuando sientas que tienes un pensamiento totalizante (como "todos en la oficina me odian y no valoran mi trabajo") imagina que ese pensamiento es un demonio, ahora genera un pensamiento positivo que lo contrarreste (puedes pensar que eres un buen colega y que te estiman en tu trabajo) este pensamiento puede ser un arcángel, ahora visualiza cómo el pensamiento positivo elimina al negativo, puedes imaginar que el arcángel le corta la cabeza al demonio. De esta forma puedes restarle poder al pensamiento negativo y sustituirlo por uno positivo.

Esta estrategia es muy útil para deshacerte de recuerdos, imágenes o pensamientos intrusivos y que ya has identificado con anterioridad. Después de que has hecho esta visualización de lo positivo eliminando lo negativo, debes realizar una tarea distractora, es decir fija tu atención en otra cosa que impida que el pensamiento negativo vuelva. No tiene que ser algo muy complejo, puedes contar de 2 en 2 hasta llegar al 100 o tal vez hacer operaciones matemáticas o cantar una canción que te guste mucho, lo importante es que mantengas tu mente ocupada para que la negatividad no regrese. Esta técnica es realmente efectiva para detener los malos pensamientos antes de que te causen algún problema, úsala cada vez que sientas que te asalta un problema, tus pensamientos negativos pueden causarte mucho daño, por ello visualizarte eliminandolos te da el poder de tomar el control sobre tus pensamiento y restarle poder a la ansiedad y las preocupaciones.

Estas tres técnicas que hemos compartido contigo han sido probadas por psicólogos y profesionales de la salud. Están diseñadas para que te hagas consciente de la negatividad en tu pensamiento, este es el primer paso para combatirla, si tomas cartas en el asunto puedes cambiar tus pensamientos, tus conexiones neuronales y la forma en la que vives tu vida. Es importante que les cortes el paso a los pensamientos negativos tan pronto como los detectes, es imposible que los elimines por completo y seguramente regresarán en el futuro, por ello debes tomar estas medidas de contención. La negatividad es como un virus que se esparce por tu mente, si dejas que se propague te será muy difícil hacerle frente y serás una víctima de tus pensamientos. Para que esto no te suceda, aplica estos consejos y verás como te será más fácil salir del círculo vicioso de la negatividad y tener una salud mental más estable.

En este capítulo aprendimos que son los pensamientos, cuál es su base biológica y cuáles son los distintos tipos de pensamiento que existen. Tu mente depende de ellos para funcionar, todo lo que pasa dentro de tu cabeza tiene un reflejo en el resto de tu cuerpo y en tu vida. Lo que debes aprender de este apartado es que puedes liberar tu pensamiento para que desarrolles todo tu potencial. Tu pensamiento creativo y crítico pueden ser grandes herramientas para que tengas una salud mental más equilibrada, el arte puede hacer maravillas por ti, puede relajarte y enfrentarte con realidades que nunca habías imaginado. Tu capacidad crítica es determinante para que aprendas a distinguir los pensamientos negativos falsos de los pensamientos positivos realistas. Este es un elemento básico que hará que tu vida cambie por completo.

En el siguiente capítulo hablaremos de algunos consejos prácticos que sí funcionan y que puedes empezar a aplicar desde este momento para reprogramar tu cerebro. Estas técnicas se relacionan con tu estilo de vida y cosas que puedes cambiar con relativa facilidad. Es primordial que tengas hábitos más saludables si quieres que tu cerebro se reprograme de manera efectiva, todo lo que necesitas hacer es seguir estos sencillos consejos y te encontrarás a un paso de volverte la persona que tanto deseas. Estos consejos te serán de gran ayuda si tienes en mente todo lo que hemos aprendido hasta este momento, recuerda que tu cerebro es plástico y que puedes alterarlo para que su funcionamiento sea más efectivo, dentro de ti tienes el poder de lograr todo lo que te propongas, así que no lo dudes más.

CAPÍTULO SEIS:

20 FORMAS DE CAMBIAR

TU PENSAMIENTO

Es este capítulo compartiremos contigo 20 estrategias sencillas para que comiences a reprogramar tu cerebro desde este momento. Estos pasos son muy fáciles de poner en práctica, con ellos podrás ver una mejora significativa en tu calidad de vida. Todo lo que necesitas es tener disciplina y constancia, muchas personas comienzan el viaje hacia la autosuperación, pero muy pocos pueden realmente llegar a ella, abandonan el camino antes de ver los verdaderos resultados. En este libro te hemos hablado de casos de superación como el de Barbara Arrowsmith, tú también puedes cambiar tu vida de la misma manera que ella logró hacerlo, con los ejercicios adecuados y la persistencia necesaria puedes reprogramar tu cerebro para aprovechar todo tu potencial.

Los beneficios de reprogramar tu cerebro son muchos, con la guía adecuada puedes superar cualquier desorden, convertirte en una persona más optimista y dejar de ver el mundo como un lugar aterrador y oscuro. Si tienes algún sueño puedes lograrlo, no importa de qué se trate, lo conseguirás si haces las paces con tu cerebro y desarrollas todo su potencial. El camino será largo, pero al final del arcoiris las recompensas valen cualquier esfuerzo. Acontinuación te presentamos 20 consejos prácticos que te ayudarán a reprogramar tu cerebro:

1. Afirmaciones positivas

Las afirmaciones positivas son declaraciones verdaderas que te dices a ti mismo para hacerte cambiar tu forma de pensar. El pensamiento positivo puede ayudarte a sobrellevar algunos trastornos anímicos como la depresión, la baja autoestima o el trastorno de ansiedad social. La constante repetición de las afirmaciones positivas puede ayudarte a cambiar tu proceso de pensamiento y modificar tus conexiones neuronales. Esta técnica ha demostrado ser muy efectiva, miles de personas han utilizado esta técnica para ser más optimistas y vencer la ansiedad. La repetición de estas frases funciona porque tienen la capacidad de motivar, ilusionar y programar nuestra mente, para que se centre en una idea determinada.

Si estás teniendo un ataque de ansiedad, te sientes muy triste o simplemente estás pasando por un momento muy malo puedes intentar esta técnica. Lo único que necesitas hacer es pensar en algunas frases que te hagan sentir mejor, se tienen que relacionar con algo que te guste, que te de tranquilidad, tal vez puede ser algo relacionado con tu familia o con los logros que has tenido en tu vida. No tiene que ser algo muy elaborado, solo son frases sencillas como "soy una buena persona y merezco tener éxito", o "amo mi vida y a mi familia", "puedo hacerlo para que mis padres estén orgullosos de mí", "le agradezco a Dios por todo lo que tengo". Estos son solo algunos ejemplos, pero puedes hacer millones de afirmaciones positivas. Recuerda las palabras de la escritora Louise Hay: "tenemos que reeducar nuestro pensamiento y hablar en patrones positivos si queremos cambiar nuestras vidas".

2. Escritura autoficcional

Llevar un diario es reconocido como una actividad terapéutica muy efectiva para mitigar los trastornos mentales. Escribir un diario te permite llevar registro de todo lo que pasa por tu cabeza, desde los pensamientos negativos y la ansiedad, hasta los momentos felices. Todo lo que puedas escribir te ayuda, escribe cualquier cosa que pase por tu mente a lo largo del día, esta información te puede servir para mejorar tu estado de ánimo, para que tu memoria no esté completamente llena de negatividad. Una de las principales ventajas de esta actividad es que al escribir los eventos de tu día en el papel experimentarás una liberación catártica. Cuando pones tus sentimientos en papel puedes ver cómo se materializan como algo externo y es en ese momento en el que puedes dejarlo ir.

Escribir con regularidad es una especie de válvula de escape que te ayuda a minimizar la tensión que sufres a lo largo del día. La escritura expresiva tiene beneficios emocionales y mentales, al hacerlo te puedes sentir mejor, te ayuda a revivir los acontecimientos en un ambiente seguro y procesarlos de una manera tranquila y controlada. Cuando leas lo que has escrito en tu diario podrás reconocer patrones en tus emociones y pensamientos, analiza tus días, piensa en cómo disminuir el estrés, en cuál es la mejor manera de resolver tus problemas para que el día de mañana puedas tener un día más tranquilo y feliz.

3. Relájate

Este es un consejo un poco obvio, pero no por eso menos importante. Las personas que viven en constante estrés se enferman más y viven menos. Si tu vives con ansiedad las 24 horas del día, es momento de que busques una forma de relajarte. Debes tomarte un tiempo para ti mismo, ir a un lugar seguro en el que nadie te pueda interrumpir y ocupes tu mente en actividades o pensamientos placenteros. Todos necesitamos tomar un descanso de nuestros problemas, no hay excusas, tienes que encontrar la manera de hacerte un tiempo para descansar de tus preocupaciones y relajar tu agitada mente.

Piensa en qué es lo que te gusta hacer, qué actividades te despejan la mente y te dejan vivir solo en el presente. Tal vez seas aficionado a la lectura, entonces asegúrate de leer regularmente a lo largo de la semana. O quizás lo que más te guste sea jugar videojuegos, entonces haz espacio en tu agenda para que te sientes frente a la pantalla y disfrutes de un rato de diversión electrónica. Lo importante es que tú te sientas seguro y que puedas olvidarte del mundo exterior por unos minutos u horas, sin duda, verás cómo tu cerebro te lo agradecerá.

4. Ejercitate

El Ejercicio físico es una herramienta muy efectiva para mejorar tu salud mental y tu salud en términos generales. Esto se debe a que está probado que el ejercicio libera endorfinas y neurotransmisores que se encargan de producir la felicidad y la euforia. La actividad física te ayuda a reducir el estrés, a muchas personas que sufren de depresión se les recomienda correr para así mitigar los síntomas de su enfermedad. Distintas partes de tu cerebro se activan durante el ejercicio, lo cual te ayuda a crear nuevas conexiones neuronales.

Puedes iniciar poco a poco, verás que conforme pasa el tiempo te irás volviendo más resistente y podrás ejercitarte por periodos de tiempo más largos. Correr un par de kilómetros diarios puede ser algo difícil, pero tiene un beneficio muy grande para tu salud. Busca alguna actividad que se ajuste a tus gustos, puedes ir a un gimnasio o tomar clases de baile o simplemente salir a caminar con tu perro, lo importante es que seas constante y pongas tu cuerpo en movimiento. No lo pienses más, es momento de levantarte del sillón, salir de tu casa, recibir los rayos del sol y poner tu sangre a circular, verás que los beneficios serán casi inmediatos.

5. Meditación

La meditación es, quizás, la mejor técnica para combatir cualquier trastorno mental. Esta es una herramienta milenaria que te permite conectar con tu cerebro de una manera muy profunda y que te da la oportunidad de mejorar en todo lo que haces. La meditación puede ser complicada al principio, sin importar si sufres o no de una enfermedad, es difícil para los principiantes acallar los cientos de pensamientos que cruzan por su mente. No obstante, si logras dominar esta técnica podrás obtener beneficios muy significativos.

Para comenzar puedes intentar con la meditación asistida, esto consiste en escuchar una sesión de meditación en la que un guía te cuenta una historia o ejercicio de imaginación. Este tipo de meditación es una excelente herramienta introductoria, hay muchas opciones para que la practiques, puede ser por medio de videos que encuentras en internet o tal vez puedes comprar un audiolibro, hay títulos muy interesantes que te pueden ayudar mucho y que podrías escuchar en cualquier lugar en el que te encuentres.

6. Consigue una agenda

Si eres una persona que tiene problemas para organizarse, llevar una agenda te ayudará mucho, así no te sentirás estresado de perder alguna cita o de olvidar realizar alguna tarea importante. En tu agenda puedes planear todo lo que harás en tu semana, de esta manera te sentirás más seguro en lo que haces. Esta herramienta es un complemento perfecto para tu diario, el tener registro de tu pasado y hacer proyecciones sobre tu futuro puede ayudarte para que te sientas más seguro de ti mismo.

Si tienes problemas con algún compañero de trabajo o necesitas dar alguna presentación, hacer un plan te ayudará a manejar la situación de una manera más eficiente. Por ejemplo, si sabes que el día de mañana te encontrarás en el pasillo con un colega con el que tienes problemas, piensa en todo lo que necesitas decirle, haz un pequeño guión en el que le presentes el problema, le digas cómo te hace sentir esta situación y las propuestas que tienes para salir adelante. Verás que toda situación molesta o incomoda puede ser aligerada si estás preparado de antemano.

7. Viaja

Viajar ocasionalmente es muy importante, cambiar de entorno te ayuda a alejarte de los pensamientos negativos y a ver tu vida desde una perspectiva distinta. Puedes darte un tiempo para conocer un lugar al que nunca hayas ido, comer comida diferente y convivir con otras costumbres y culturas. Tal vez no siempre tengas la oportunidad de visitar otro país, pero eso no debe detenerte, puedes visitar una ciudad cercana, o quizás ir a una zona que no conozcas de tu propia ciudad, no se trata de ir lejos, sino de cambiar de aires y relajarte. Mientras estás de viaje proponte dejar atrás la persona conflictuada e insegura que eres en tu vida diaria, date una oportunidad de ser otra persona, una distinta con deseos de comerse al mundo.

Viajar es una experiencia muy gratificante, te ayuda a cambiar tu forma de pensar al conocer personas nuevas y expandir tus horizontes. Las personas que viajan tienden a ser más tolerantes, ya que el conocer muchos tipos de personas y estilos de vida te ayuda a aceptar las diferencias. Nunca es tarde para salir a conocer lugares nuevos, siempre que tengas la oportunidad de viajar aprovéchala, verás que vale la pena salir de tu zona de confort.

8. Aprende a decir que no

En algunas ocasiones puedes ahorrarte muchos problemas y estrés si aprendes a simplemente decir no. En tu trabajo y en tu vida personal te encontrarás con personas que te pedirán favores o te harán peticiones que no quieres hacer. Esto puede colocarte en situaciones de mucho estrés, ya que no querrás negarte porque tienes miedo que piensen que eres una mala persona. Esta clase de conflictos se pueden evitar si aprendes a decir que no y a alejarte de las personas que solo te ven como un medio para conseguir su beneficio personal. Para algunas personas esto es casi imposible porque les importa mucho lo que piensan los demás sobre ellos, pero este es un comportamiento dañino que debes combatir.

No estás obligado a darle una buena impresión a todas las personas que conoces, no tienes que ser amigo de todos, así que no temas negarte. Parece difícil, pero en realidad no lo es tanto, simplemente diles a las personas que no te sientes cómodo con esta o aquella situación y que no hacer lo que te piden no significa que no quieras ayudarlos, ofréceles una alternativa para que ellos vean que a pesar de decir que no, aún tienes intención de ser de ayuda. Si haces esto podrás evitarte problemas y tendrás la buena consideración de tus conocidos.

9. Ponte metas

Tener metas en la vida puede ser algo que te ayude a enfocar tu pensamiento y a superar tus problemas neuronales. Esta es una técnica muy efectiva si se utiliza de la manera correcta, a veces las personas ingenuamente se ponen metas que son irreales y demasiado difíciles de alcanzar, este tipo de pensamiento fantasioso y un poco delirante no trae ningún tipo de beneficio a tu mente y debes tratar de evitarlo. La forma efectiva de hacerlo es plantearse objetivos más pequeños, metas realistas y que puedes alcanzar a corto y mediano plazo si sigues un plan. De esta manera puedes ir consiguiendo logros e ir proponiéndote metas cada vez más grandes.

El secreto está en plantear objetivos lo suficientemente pequeños para que los puedas conseguir, pero lo suficientemente grandes para que consigas cambios significativos. Haz una lista de las cosas que te gustaría lograr en tu trabajo o puedes pensar en algo que siempre hayas querido hacer como poner un negocio o viajar al extranjero, son objetivos que no se pueden llevar a cabo fácilmente, debes hacer un plan, dividir tu meta en varias partes para ir consiguiendo poco a poco todo lo necesario para hacer realidad tu sueño. Si lo haces de esta forma podrás conseguir buenos resultados y será más fácil conseguir lo que te propongas.

10. Vive en el presente

Hay personas que se obsesionan con pensar en el pasado, mientras que otras se rompen la cabeza pensando lo que les traerá el futuro, estos comportamientos son igualmente dañinos, puesto que no permiten que tu mente descanse. Es difícil desprenderse del pasado y no preocuparse por el futuro, pero es necesario para vivir una vida más plena y llena de experiencias gratificantes. Vivir en el presente te permite librarte de una gran carga de problemas, no hay nada que puedas hacer para cambiar el pasado o para predecir el futuro, es mejor que dejes de desperdiciar tu tiempo y tus energías haciendo fabulaciones descabelladas en tu cabeza.

Vivir día a día es una forma de dejar de preocuparte por aquello que está fuera de tu control, esta forma de ver tu vida puede traerte mucha tranquilidad y permitirte reducir tus niveles de tensión y ansiedad. Para poder lograr este objetivo la meditación y tu diario pueden ser de mucha ayuda. Al leer tu diario puedes aterrizar tu pensamiento en el presente, ver que el pasado ya está lejos y entender que siempre habrá un nuevo día. La meditación es una excelente forma de desprenderte de todos aquellos pensamientos que te causan algún daño.

11. Cambia tu alimentación

En los últimos años se ha demostrado que hay alimentos que pueden ayudarte a mejorar tu estado anímico y tu salud mental. Esto se debe a que hay comida que promueve la generación de neurotransmisores como la serotonina, dopamina y acetilcolina. Estos neurotransmisores son los que se encargan de reducir el estrés y provocar reacciones felices y de placer. Esta comida también puede ayudarte a reducir la inflamación estomacal, la inflamación estomacal es la causante de que muchas de las propiedades nutritivas de los alimentos no sean bien asimiladas. Si cambias tu dieta en poco tiempo comenzarás a ver resultados positivos en tu vida en general y en tu salud mental.

Algunos de los alimentos que se recomiendan consumir para aumentar tu producción de neurotransmisores incluyen el pescado, la avena, el té verde, mora azul, espárragos, cúrcuma, almendras, entre otros. Todos estos productos son altamente nutritivos y al consumirlos regularmente promueven la generación de neurotransmisores como la serotonina y dopamina, las cuales mejorarán tu estado anímico y mental, así como tu salud en todos los aspectos. Tener una dieta balanceada tiene muchos beneficios para ti, si cambias tu alimentación verás muchas mejoras en tu cuerpo y en tu mente en muy poco tiempo.

12. Duerme bien

Una porción muy grande de personas adultas tienen una mala calidad de sueño y esto tiene repercusiones muy fuertes a su salud física y mental. No dormir bien es una de las peores cosas que puedas hacerte a ti mismo, tu cuerpo necesita descansar por lo menos 6 horas para reponerse por completo y mantener una buena salud. Al dormir restableces tu energía y mantienes tu corazón saludable, se ha demostrado que tomar pequeñas siestas durante el día puede hacer que tu corazón y tu sistema circulatorio se mantengan saludables por más tiempo. Si no recuperas todas tus energías durante la noche, pasarás todo el día sintiéndote cansado, esto puede afectar tu cerebro y tu estado de ánimo de muchas maneras.

Tener una rutina de sueño saludable es muy importante para mantenerse joven, está demostrado que las personas que no duermen bien envejecen mucho más rápido. Los beneficios de descansar bien son muchos, además dormir es una actividad muy placentera y necesaria para conservar tu salud. Si tienes problemas para conciliar el sueño es recomendable que hables con tu médico, este problema es algo muy serio y que no puedes dejar crecer, entre más tiempo dejes pasar más se verá afectada tu salud.

13. Solo piensa en ti

Debes colocar tus necesidades por encima de las necesidades de los demás, si no lo haces pasarás todo el tiempo resolviendo la vida de los demás pero dejando de lado tu propio bienestar. Tienes que aprender a alejarte de las personas que te causan algún estrés emocional o que demandan demasiada atención y energía de ti. En ocasiones es complicado pensar primero en tu bienestar que en el de los demás, pero es necesario, si no te das tu lugar siempre vivirás a la sombra de los demás, gastando tu tiempo y tus esfuerzos llevando a cabo los sueños de los demás pero nunca siguiendo tus propios sueños.

Debes ser completamente consciente que tu vida no gira alrededor de otras personas, no debes dar todo lo que eres con tal de ser aceptado por lo demás. Existe algo que se conoce como egoísmo sano, esto se refiere a que para ayudar al prójimo primero debes ayudarte a ti mismo. Esto no significa que debas ignorar las necesidades de todos los demás, sino que debe encontrar un equilibrio entre tus necesidades y las de la gente que te rodea. Si lo logras podrás tener una consciencia más sana y disfrutar de la compañía y apoyo de tus colegas de trabajo y tu familia.

14. Haz ejercicios de respiración

Todos respiramos, es una necesidad vital, sin embargo, pocas veces nos detenemos a pensar en nuestra respiración a conciencia. La respiración es fundamental para nuestro cuerpo porque lleva oxígeno a todos nuestros órganos, incluyendo el cerebro y un cerebro bien oxigenado es un cerebro saludable. Aprender a respirar de una forma adecuada o practicar ejercicios de respiración cuando sientes que estás entrando en pánico o que una situación te está rebasando puede traerte muchos beneficios a tu salud. Una rutina de respiración debe ser suave, profunda, con ritmo, fluida y por último, placentera. Nunca debe ser forzada o pausada. A veces, adquirimos malos hábitos respiratorios que afectan nuestra salud, disminuyen tu capacidad pulmonar, te provocan cansancio físico y dificultades para dormir. Para que no te pase esto puedes practicar ejercicios de respiración.

Un ejercicio muy sencillo es el de la respiración

profunda, lo que tienes que hacer es inhalar a la cuenta de cuatro, uno, dos, tres y cuatro, retienes el aire en tus pulmones otros cuatro segundos y exhalas por la boca a la cuenta de tres. Entre los beneficios que te puede traer tener una buena respiración está incrementar el número de glóbulos rojos que hay en tu sangre, de tal forma que podrás delimitar las toxinas de tu cuerpo de una manera más eficiente. Además, ayuda a tu digestión, el oxígeno mejora el tránsito de la comida por el gastrointestinal, lo que se traduce en un metabolismo funcional y una mejor asimilación de los nutrientes.

15. Ríete

La risa ha demostrado tener poderes terapéuticos, no por nada se dice que la risa es la mejor medicina, ya que se ha demostrado que reír puede mejorar la salud y el estado anímico de los pacientes. Freud le atribuyó a la risa el poder de liberar energía negativa. Algunos estudios han demostrado que reír genera neurotransmisores como la serotonina y la dopamina que te ayudan a sentirte mejor. Además cuando te ríes te relajas, bajas tus niveles de estrés y activas zonas de tu cerebro que facilitan el aprendizaje. Una buena carcajada puede cambiar tu día por completo y hacer que un mal día se convierta en uno bueno.

Los beneficios de la risa han sido demostrados ampliamente, es común que en los pabellones de cuidados intensivos o en las áreas pediátricas de los hospitales haya payasos y gente que alegra a los enfermos. Por ello es importante que rías lo más que puedas, puedes asistir a ver algún standup, ver una comedia en el cine o leer alguna tira cómica. Tienes muchas opciones para divertirte y pasar un buen rato liberando el estrés por medio de una carcajada, si te ríes frecuentemente verás la vida de una forma distinta.

16. Usa el lenguaje corporal

Tu postura y la forma en la que te mueves le envían mensajes a tu cerebro, estas señales pueden tener un efecto positivo en tu estado de ánimo. Una buena postura no solo ayuda a tener una espina dorsal fuerte, también puede mejorar tu temperamento y tu autoestima. Además, una buena postura puede ayudarte a respirar mejor. Al tener la espalda recta y los hombros en su lugar, tus pulmones tendrán más espacios para expandirse por lo que podrás inhalar una mayor cantidad de oxígeno. Como hemos comentado antes, tener una buena respiración provoca efectos positivos en tu salud mental.

Cuando adoptas una postura recta y expandes tu pecho, esto tiene una repercusión en tu ánimo, le mandas un mensaje a tu cerebro de que te sientes seguro de ti mismo y por ende, te sientes mejor. Esta relación entre los pensamientos y la postura se ha comentado en algunos estudios y se ha encontrado que se influyen mutuamente todo el tiempo, cuando te sientes triste o temeroso tu cuerpo adopta una postura encorvada. Si te estás sintiendo un poco nervioso puedes pararte derecho, sacar el pecho y poner tus manos sobre tu cintura, después de unos minutos te comenzaras a sentir el efecto.

17. Mantén tu mente ocupada

Una mente ociosa es una mente conflictuada. Si pasas mucho tiempo sin hacer nada tu mente correrá desbocada hacia los eventos o sucesos que te causan ansiedad. Lo mejor que puedes hacer es mantenerte ocupado para que no le des tiempo a tus preocupaciones de invadirte y hacerte miserable. Las actividades intelectuales son muy buenas para mantener tu cerebro joven y funcional. Puedes meterte a una escuela de idiomas o tomar clases sabatinas, estas actividades harán que tu salud mental sea más estable.

Busca algún pasatiempo, algo que estimule tu creatividad y que te haga pensar de una forma distinta. Puedes leer algún libro o ir regularmente al cine o salir con tus amigos. Lo importante es que no pases tiempo solo y sin hacer nada, sal a la calle, conoce gente nueva y aprende algo nuevo. Usar constantemente tu cerebro te ayudará a crear nuevas conexiones neuronales, lo que se traducirá en una mente más saludable. Recuerda que tu cerebro es como un músculo y si no lo ejercitas lo suficiente irá perdiendo sus habilidades.

18. Haz una red de apoyo

Todos tenemos amigos o familiares que se preocupan por nosotros y que buscan nuestro bienestar integral. Cuando tenemos algún problema es recomendable pedir ayuda, tener a alguien que nos apoye para que así no suframos solos en silencio. Habla con la gente en la que confías, hablales de tu condición, tu estado de ánimo, hazles saber que algunas veces no podrás controlar tus emociones y necesitarás de su ayuda para salir adelante. Seguramente serás aceptado y abrazado por tus seres queridos.

Una red de apoyo puede hacer la diferencia en tu vida, no hay ninguna necesidad de que sufras solo, acercate a las personas que se preocupan por ti. Ellos podrán escucharte, verás que externar tus preocupaciones será algo liberador, te sentirás más aliviado y podrás recibir una perspectiva diferente para que compares tus pensamientos con la percepción de los otros.

19. Busca ayuda profesional

Esto es algo que nunca debes descartar, no hay ninguna necesidad de que vivas con problemas y ansiedad, hay profesionales de la salud que trabajan incansablemente para que sus pacientes puedan vivir una vida plena y libre. Muchas personas tienen reservas, la desinformación y los prejuicios hacen que se tenga una mala impresión de las personas con enfermedades mentales y se estigmatiza a las personas que acuden con algún terapeuta o psiquiatra, sin embargo esto no debería ser así, no solo la gente "loca" va con un doctor, buscar ayuda es un sinónimo de buena salud mental.

Es recomendable hablar con tu profesional sin importar si tienes síntomas de alguna enfermedad o no, es difícil lograr el equilibrio en nuestras vidas, además en tu casa o en tu trabajo puedes estar sufriendo alguna situación que esté causando un efecto negativo en tu psique. Todos podemos beneficiarnos de visitar a un médico, están capacitados para ayudarte y te podrán guiar por un buen camino.

20. La regla 80/20

También es conocida como la Ley de Pareto, desarrollada por Vilfredo Pareto, un economista italiano que descubrió que el 80% de la riqueza de su ciudad pertenecía al 20% de la población. Lo interesante de este descubrimiento es que esta proporción de 80/20 parece repetirse con mucha frecuencia, el 80% de la producción de una fábrica se debe al trabajo del 20% de los empleados, significando que a veces pequeñas acciones pueden tener grandes repercusiones en nuestras vidas.

La regla 80/20 puede aplicarse a tus problemas psicológicos si te esfuerzas en mejorar solo el 20% de tus problemas, esta acción tendrá un impacto positivo en tu bienestar general. Es parecido a la técnica del reloj del programa Arrowsmith, al centrarte en resolver un solo problema tu cerebro se entrena para crear mejores conexiones cerebrales y, en consecuencia, responder mejor a situaciones similares.

Todas estos consejos pueden ser muy efectivos si encuentras la manera de aplicarlos en tu vida a corto, mediano y largo plazo. Todas las técnicas de las que hemos hablado en este capítulo tienen un gran valor pero estamos conscientes de que no siempre se presentarán las ocasiones adecuadas para que se logren, una buena alternativa sería hacer un análisis de cuáles son tus problemas centrales, aquellos que desencadenan la ansiedad y el miedo, encuentra un núcleo de problemas y sigue las recomendaciones que puedes realizar de manera más sencilla, crea un conjunto de consejos prácticos para mejorar tu salud mental y sigue tu plan, aunque sea por partes, da pequeños pasos hacia un estilo de vida más satisfactoria y completo.

CAPÍTULO SIETE:

CÓMO DEJAR DE PREOCUPARTE POR LO QUE NO PUEDES CONTROLAR

En este capítulo trataremos un tema de suma importancia para reprogramar tu cerebro y dejar de gastar energía de forma innecesaria, esto es dejar de preocuparte por las cosas que están fuera de tu control y enfocarte en lo que está a tu alcance. Hay personas demasiado aprensivas que quieren controlar todo lo que sucede a su alrededor, pero esto es imposible, lo único que consiguen es estresarse y vivir todo el tiempo con problemas de ansiedad. Para que esto no te suceda, debes aprender a dejar ir lo que no te aporta nada y quedarte solo con las cosas más esenciales. Este es un camino duro y que a veces puede parecer imposible de recorrer, pero si tienes la mentalidad correcta podrás comenzar a disfrutar de más momentos de tranquilidad y vivir con más plenitud.

Tu camino hacia el desprendimiento debe comenzar por un autoanálisis, piensa en ti y en la relación que tienes con los demás y con el entorno que te rodea, hay personas que viven obsesionadas con los desastres naturales y con los eventos inesperados, pero esto es solo una pérdida de energía. De esta análisis debes sacar en claro tres cosas: hasta dónde llega tu alcance, cómo puedes enfocarte en tus capacidades y cuáles son tus miedos.

Tú determinas lo que puedes controlar

Cuando tienes demasiada ansiedad o estrés, detente un momento para analizar las cosas sobre la que tienes control, aquellas que están a tu alcance y que se relacionan con la forma en la que respondes a las situaciones externas. Tú no puedes controlar el clima o hacer que las estaciones cambien, pero puedes prepararte, si el pronóstico del clima dice que lloverá, asegúrate de llevar contigo una sombrilla. No controlas la forma en la que las personas se comportan pero sí puedes determinar qué tanto te afectan las cosas que hacen. Las acciones de los demás no te afectan directamente, la vida de los demás no gira alrededor tuyo, lo que sí puedes controlar es qué tanta importancia le darás a los actos de las demás personas.

Todo lo que puedes controlar es tus esfuerzos y tu actitud. ¿Qué tanta energía pones en las cosas que no controlas? ¿Cuánto tiempo pasas haciéndote escenarios en tu cabeza que no se presentarán nunca en el mundo real? ¿Cuánto te castigas a ti mismo por lo que hacen o piensan otras personas? Si estás preguntas son parte de tu vida diaria, entonces es urgente que te detengas a analizar tu vida y buscar maneras de ser más desprendido. Tú tienes control sobre tu mundo interior y solo tú puedes decirle a tu cerebro que deje de perder el tiempo en cosas que están más allá de ti.

¿Cómo enfocarte en tu poder?

Tienes cierta injerencia en las personas y en las circunstancias, pero de ninguna manera puedes forzar que todo salga de la forma que tu quieres. No importa cuánto planees tus vacaciones, si hay un accidente en la carretera, se retrasa tu avión o hay un huracán tus planes se vendrán abajo. Hay situaciones que están muy por arriba de ti, la naturaleza y las personas también tienen sus propios planes y a veces estos serán más grandes que los tuyos. Tienes que entender que tú eres solo un individuo dentro de un enorme sistema de correlaciones de fuerza, todos buscan dominar el mundo pero muy pocos están destinados a hacerlo.

Para que no te desanimes y sientas que todos tus esfuerzos se van a la basura, lo único que tienes que hacer es cambiar el enfoque de tus comportamientos. Puedes intentar ser un buen modelo a seguir, establece límites saludables para tus ambiciones y prepárate para cualquier eventualidad. Si estás teniendo problemas con alguien comparte tu preocupación con él, hazle saber que tienes una actitud conciliadora y que lo único que buscas es el beneficio mutuo. Es todo lo que puedes hacer, no trates de hacer cambiar a la otra persona de parecer, eso está más allá de tu control y nadie puede ayudar a alguien que no quiere ser ayudado

Identifica tus miedos

Nadie te conoce mejor que tú mismo, solo tu puede saber qué es lo que te causa temor. Ahora, pregúntate ¿qué pasará si tus peores miedos se vuelven realidad? ¿Esperas un resultado catastrófico que signifique el fin del mundo como lo conocemos? ¿Tienes dudas sobre tu habilidad de reponerte de una decepción? Estas son solo falacias producidas por tu propio miedo, lo más probable es que no seas tan débil como tú piensas y que los resultados no sean tan malos como los imaginas, es el miedo el que te está dominando y te hace pensar de esa manera.

Es esencial que te des cuenta de que tú puedes manejar las situaciones adversas y que en lugar de preocuparte de más, puedes canalizar tus energías para encontrar soluciones a los problemas. En muchas ocasiones las personas se encuentran demasiado distraídas pensando: "no puedo permitirme perder mi empleo" que no se toman el tiempo para preguntarse: "¿qué puedo hacer para que mi trabajo no esté en peligro?" Los miedos son inevitables, pero lo que sí puedes evitar es desperdiciar tu energía estresándote por las cosas que no puedes controlar.

Una vez que has trabajado en estos tres factores te será más sencillo desprenderte de el miedo y el estrés innecesario. Hay técnicas que te pueden ayudar a enfocar tu mente en las cosas fundamentales y dejar ir aquellas que no puedes controlar, para ayudarte en este proceso compartiremos contigo 10 pasos que te ayudarán a dejar ir y reprogramar tu cerebro

10 pasos para dejar de preocuparte por lo que está fuera de tu control

1. Deja de maquinar y resuelve tus problemas

¿Te has sorprendido a ti mismo reviviendo conversaciones en tu cabeza que nunca pasaron o imaginando resultados catastróficos una y otra y otra vez? Este es un comportamiento improductivo y que no te ayuda de nada, pero resolver problemas sí es de gran ayuda. Pregúntate si lo que estás pensando te está ayudando a salir de tus problemas, si estás resolviendo activamente un problema como resolver un conflicto con un colega del trabajo o cómo incrementar tu productividad en el trabajo, entonces no estás perdiendo tu tiempo.

Sin embargo, si estás perdiendo tu tiempo maquinando cosas en tu cabeza, entonces cambia el canal de tus pensamientos. Reconoce que tu mente está siendo improductiva, entonces es momento de que te levantes y realices una tarea distractora, como leer un libro o armar un rompecabezas, de esta forma estarás reseteando tu cerebro y podrás regresar después de unos minutos a concentrarte en realizar una acción más productiva.

2. Crea un plan de contingencia

El fracaso es algo con lo que tendrás que lidiar en algún momento de tu vida, no puedes evitarlo y en lugar de gastar tus esfuerzos en conseguir ser perfecto todo el tiempo, puedes prepararte mentalmente para afrontar la decepción. Cuando algo no salga como tú querías en vez de atormentarte pensando en todas las cosas que hiciste mal y que hubieras cambiado, mejor dedica tus esfuerzos en tratar de aprender algo de esta situación. Si te preparas para esta situación será menor el estrés que te ocasiones, podrás ver las cosas de manera más tranquila y podrás desechar los pensamientos negativos que no te dejan salir adelante.

No es el fin del mundo si fracasas en algo, no importa cuánto tiempo pases preparándote, ya sabes que hay cosas que están fuera de tu control y que no puedes hacer nada para evitarlo. El fracaso es un gran maestro, se aprende mucho más de una derrota que de una victoria, cuando pierdes puedes hacer un análisis de lo que hiciste mal y te puedes enfocar en mejorar en esos aspectos. Procura tener en cuenta la posibilidad del fracaso, el resultado no será tan grave como te imaginas y recuerda que hay más tiempo que vida, siempre habrá una oportunidad de intentarlo de nuevo, así que no dediques demasiada energía en lamentarte.

3. Aprende a no pensar las cosas demasiado

A veces pensar las cosas demasiado puede crear problemas donde no existe ninguno. Las preocupaciones sobre el futuro pueden crear mucho estrés, no dejes que esto te suceda, las cosas entre más simple mejor, así que tómate un tiempo para relajarte y pensar mejor la situación antes de entregarte al pánico. Si te sientes ansioso o confuso acerca de algo, habla con alguien, pidele su opinion y contrasta su perspectiva con la tuya, verás que las cosas no son como las pinta tu hiperactivo cerebro y que la opinión de alguien más pueden iluminar tu camino.

Sobre analizar la situación tampoco te ayuda de nada, recuerda que por más planes que hayas hecho siempre habrá factores inesperados que pueden hacer que todo salga mal, es una de las leyes de Murphy, "si algo puede salir mal, saldrá mal". Así que deja de pensar demasiado, no te llevará a ningún lado, confía en ti mismo y espera siempre lo mejor, si eres bueno en lo que haces y tienes confianza en ti mismo, verás que podrás dormir tranquilo por las noches.

4. Define tus metas a corto y mediano plazo

Pensar en los eventos futuros no siempre es algo problemático, si puedes identificar cuáles son los objetivos que tienes a corto y mediano plazo puedes distinguir a qué aspectos de tu vida debes darle prioridad y dejarte de preocupar por aquello que no está dentro de tu alcance. Por ejemplo, si aún eres un estudiante, tu prioridad número uno debería ser terminar la escuela y conseguir tu diploma, no tus relaciones románticas o conseguir un buen empleo. Tendrás suficiente tiempo en el futuro para encontrar al amor de tu vida, pero tienes solo una oportunidad para vivir tu juventud y salir de la escuela como es debido.

Hay momentos para todo y en cada etapa de tu vida debes plantearte metas, no dejes pasar el tiempo sin hacer nada productivo o de valor para ti, tener aspiraciones es una parte importante de una salud mental equilibrada, te permite mantenerte enfocado, así tu mente trabajará y creará conexiones neuronales que serán provechosas para ti. La vida es un riesgo y hay cosas por las que vale la pena arriesgarse.

5. Esfuérzate en progresar

Pensar en ti mismo, en tu bienestar y en la manera de progresar es una buena forma de enfocar tu mente y dejar de pensar en aquello que no te corresponde. Una vida sana es una vida de riquezas, la abundancia y el bienestar te harán sentir más seguro acerca de tu futuro. Si quieres que tu vida sea cómoda dentro de 10 o 15 años, entonces tienes que comenzar a trabajar desde ahora en desarrollar hábitos de vida saludables y en asegurar tu estabilidad económica. Para lograrlo es necesario una salud fuerte, solo así te asegurarás de tener la energía y la motivación para continuar con tu vida, no importa lo que el futuro te ponga delante.

Estos consejos te harán ver el futuro de una manera más confiada, recuerda que una actitud positiva hacia la vida es necesaria para tener una salud mental equilibrada. La vida tiene mucho que ofrecerte y si tú te esfuerzas por mantenerte saludable entonces no tendrás ningún problema en vivir de forma plena y sin miedo. Todo lo que tienes que hacer es preocuparte en el presente, avanza un día a la vez, verás como todo irá tomando su lugar y las cosas comenzarán a caer por su propio peso.

6. Rodéate de gente positiva

Como dice ese viejo refrán, "el que con lobos se junta, a aullar se enseña", esto es completamente cierto, si te rodeas de gente con malos hábitos y sin disciplina, muy seguramente te convertirás en una persona sin futuro. Por otro lado, la influencia positiva de la gente que te rodea puede mejorar tu vida en todos los aspectos. Si te acercas a personas confiables entonces no tendrás que preocuparte porque arruinen tu futuro o te metan en situaciones problemáticas. Podrás estar tranquilo porque sabrás que tus compañeros de trabajo, tus amigos o tus familiares son personas en las que puedes confiar y que se preocupan por tu bienestar integral.

Las gente de la que te rodeas puede tener un impacto muy grande en tu salud mental y en tu vida en general. Intenta rodearte de amigos sinceros, gente trabajadora que te aliente a dar lo mejor de ti y no te pida nada a cambio. Tus seres cercanos son parte de ti, los llevas contigo a donde quiera que vas, si no eliges bien a las personas que te rodean, entonces irás por ahí arrastrando un montón de vicios y comportamientos destructivos.

7. Aléjate de las redes sociales

En la época moderna en la que vivimos las redes

sociales se han convertido en una gran fuente de ansiedad para las personas de todas las edades. Las redes sociales tienen este efecto negativo porque se centran en proyectar una imagen de éxito y bienestar que se encuentra muy lejos de la realidad. A veces, cuando entrás a tus redes verás que tus conocidos viven una vida llena de logros, que viajan por todo el mundo y que tienen una vida llena de amor. Estas proyecciones pueden tener un impacto negativo en ti ya que te sentirás insatisfecho con tu propia vida. Sin embargo, tienes que comprender que esta imagen de "prosperidad" no es real.

La gente tiende a mostrar siempre sus mejores fotos y a compartir contenido que les parece relevante, pero su vida real dista mucho de ser así, lo que las personas no muestran en las redes sociales son los procesos que los llevan a estas imágenes irreales. La vida de nadie es como la pinta en las redes, ya que no te muestran fotos de sus momentos más bajos, de cuando se despiertan en la mañana o cuando son despedidos.

8. Deja de pensar en el futuro

Este es un consejo que te hemos compartido anteriormente, no obstante, no podemos dejar de recalcarlo, vivir el presente es la única manera de superar la ansiedad y dejar de preocuparte por cosas que ni siquiera han sucedido aún. El futuro siempre será incierto, no importa cuanto te prepares, hay factores que no puedes controlar, a veces lo mejor es simplemente dejar que las cosas fluyan y dedicarte a vivir en el momento. Vive un día a la vez, preocúpate solo por lo que harás hoy, el futuro llegará cuando tenga que llegar, mientras tanto tú haz tus cosas y enfócate en ser hoy una mejor persona de lo que fuiste ayer.

Hay un antiguo proverbio budista que dice: "cuando camines, camina, cuando comas, come". A primera vista esto puede parecer algo obvio, pero la verdad es que este consejo es mucho más complejo de lo que parece, se refiere a la incapacidad que tenemos como seres humanos de vivir el presente. Muchas de las cosas que hacemos a lo largo del día lo hacemos de manera automática, mientras que nuestra mente se encuentra en otro lado, sin embargo, esto está mal, debes enfocar tu mente en el aquí y ahora, y si das un paso piensa en ese paso y no en aquel que aún no das.

9. No te busques más problemas

Una forma muy efectiva de evitar problemas extra es dejar de perder el tiempo y hacer todo lo que tienes pendiente, no dejes que los problemas se acumulen para tu yo del futuro. Tampoco te busques problemas en el presente que te puedan traer consecuencias a largo plazo. Es algo muy sencillo, no dejes para mañana lo que puedes hacer hoy, si tienes que entregar un trabajo comienza a trabajar en él desde el primer momento en el que te lo asignan, no permitas que el tiempo avance ya que solo te estarás creando estrés adicional y te será más difícil realizar tu trabajo de manera óptima.

Esto también aplica al dinero, si tienes malos hábitos y gastas todo tu dinero a los pocos días de recibir tu pago, seguramente vivirás estresado hasta que llegue el siguiente cheque. El dinero es una de las principales causas de ansiedad entre las personas, no solo puede estresarte, sino que literalmente puede arruinar tu vida. No dejes que esto te suceda, se moderado con tus gastos y haz que el dinero te rinda lo suficiente. Verás que es mucho mejor luchar contra tus instintos de gastar en cosas que no necesitas o no valen la pena, que en luchar con la carencia y la angustia de no tener dinero para terminar el mes.

10.   No tomes decisiones apresuradas

Este consejo se relaciona mucho con el anterior, si tomas decisiones apresuradas y sin pensarlo bien, tal vez te estarás metiendo en problemas que te puedes evitar. Siempre que puedas di que no, es mejor quedar mal con alguien que ganarte preocupaciones futuras. Tu estabilidad física, emocional y mental debe estar primero que cualquier otra cosa. Hay personas que solo piensan en sí mismas y no por eso son egoístas, hay formas de ayudar a los demás que no comprometen tu salud ni te obligan a hacer cosas con las que no estás agusto.

Las malas decisiones son una fuente muy grande de estrés, evítalas a toda costa, no dejes que alguien te presione a hacer algo que no quieres o que no tienes tiempo de hacer. Nadie debe estar por encima de tu equilibrio emocional y mental, a veces es mucho mejor dejar de agradarle a alguien que comprometerte con un proyecto o una tarea que te traerá problemas mentales y físicos. Solo tienes una vida y no puedes darte el lujo de desperdiciar tu tiempo y esfuerzo en algo que te hará sentir mal y que no te reditue de ningún modo. Siempre es mejor decir un no a tiempo que pedir perdón en el futuro.

Estos consejos te serán muy útiles a la hora de evaluar cuales son las cosas que realmente importan en la vida. Tú debes estar en el primer lugar de tus prioridades, todo lo que te causa ansiedad o estrés es contraproducente para ti y te impedirá que reprogrames tu cerebro. Dejar de preocuparte por aquello que no puedes controlar no es una tarea sencilla, necesitarás de mucho esfuerzo y tiempo para lograrlo, sin embargo, si sigues estos consejos, verás que no es imposible, desprenderte de lo que no puedes controlar puede ser una excelente forma de librarte de un peso emocional muy grande, siempre y cuando seas sincero contigo mismo y con las personas que te rodean.

Este capítulo es un complemento perfecto del anterior, si aplicas estas 10 técnicas para dejar de preocuparte por lo que no puedes controlar y le agregas los 20 consejos para cambiar tu forma de pensar verás que en poco tiempo comenzarás a notar cambios positivos en tu vida. Es importante que seas constante y no dejes de practicar estos consejos todos los días, tu constancia es lo que determinará si estos consejos serán efectivos para ti. Ahora que conoces mejor la forma en la que funciona tu cerebro, la neuroplasticidad, los pensamientos y tus hábitos, aplicar todas estas estrategias que hemos compartido contigo te será más fácil. Este es el camino que debes seguir si quieres reprogramar tu cerebro, tienes a tu alcance el poder para transformar tu vida, está adentro de tu cerebro y depende de ti dar un paso adelante y tomarlo. En el último apartado haremos un recuento de todo lo que hemos aprendido en este libro, así como unas palabras finales para que todo lo que hemos compartido tenga un sentido de clausura.

CONCLUSIONES

La mente humana está llena de misterios, sus profundidades no pueden ser medidas, aún nos encontramos en la edad de las cavernas en lo que se refiere al entendimiento de todo el potencial del cerebro, si bien la ciencia ha hecho grandes avances en los últimos tiempos, nuestro pensamiento sigue estando lleno de abismos y oscuridad. Hombres ilustres como Albert Einstein, Wolfgang Amadeus Mozart o William Shakespeare nos han mostrado que no existe un límite para el talento humano cuando se tiene la estimulación adecuada y se es constante en lo que se hace.

El cerebro es un órgano muy poderoso, pero nosotros solo aprovechamos un pequeño porcentaje de todo su potencial, si pudiéramos entrenar nuestra mente al máximo seguro no existiría nada imposible en el mundo. Tu cerebro es tan bueno y potente como el de los genios más grandes de la historia, la única diferencia es que no ha sido estimulado correctamente para que brille con todo su esplendor. El objetivo de este libro es acercarte un poco más a este importante órgano, si reprogramas tu cerebro podrás ver la vida desde una perspectiva completamente distinta, llena de oportunidades y recompensas.

En este libro aprendimos cuáles son las principales condiciones mentales con las que se enfrentan las personas. Vimos que los trastornos psicológicos son un problema muy grande en la actualidad y que millones de personas están luchando día a día con ellos. Nos tomamos el tiempo de aprender sobre los trastornos de ansiedad, los trastornos del estado ánimo y la esquizofrenia, vimos sus principales síntomas para poder reconocerlas, de tal modo que podamos hacer conciencia sobre nuestra salud mental y de las personas que nos rodean.

El tema central de este libro fue la neuroplasticidad, un fenómeno que se da en el cerebro de todos, infantes o adultos, y que te permite cambiar tus estructuras neuronales. El cerebro no es un órgano definido, cambia constantemente, a lo largo de toda tu vida y tiene una capacidad sorprendente para sanar, para reconstruirse y superar las carencias. Este es el objetivo más importante de esta obra, informarte sobre las maravillosas habilidades que tiene tu cerebro y cómo al hacerte consciente sobre ellas puedes sacarles provecho.

Otro de los temas que abordamos aquí fue la importancia de los hábitos y las acciones repetidas para cambiar tu cerebro. Los buenos hábitos hacen a las buenas personas, no es una cuestión de solo decir las cosas sino que hay que hacerlas. Nuestros cerebros aprenden por medio de la repetición, si constantemente pensamos positivamente y realizamos buenas acciones, entonces nuestro cerebro comenzará a modificarse y hará que ser positivo se vuelva algo natural, algo que forma parte de nuestra programación cerebral.

Además, competimos una extensa serie de consejos prácticos para que comiences a reprogramar tu cerebro desde el día 1. Estos consejos son efectivos porque pueden impactar en tu química cerebral de manera positiva o porque te ayudan a eliminar fuentes de estrés de tu vida. Todo está enfocado en que tú puedas hacer cambios en tu rutina o en tu ambiente laboral para que te sientas más cómodo, para que te sientas más tranquilo cuando estás en compañía de otras personas y te ahorres mucho estrés. Si sigues estos consejos en un corto tiempo podrás ver resultados positivos, hay toda clase de formas de mejorar tu vida diaria, no es necesario invertir grandes cantidades de esfuerzo, dinero o tiempo en tu salud mental, con pequeñas acciones puedes comenzar a ser una mejor persona.

En la última parte de este libro repasamos algunas técnicas para dejar ir lo que no podemos controlar, solo 10 pasos para cambiar el cableado interno de tu cerebro y dejar ir aquello que está más allá de nuestro control, todo lo que conlleva ser una persona aprensiva y que acumula sentimientos y pensamientos negativos. Básicamente, tienes que aplicar la técnica de Marie Kondo en tu vida y en tu mente y deshacerte de todo aquello que no te da felicidad, o como dice la canción "buscar lo vital nomás". Si logras desechar el peso emocional y mental innecesario tu cerebro responderá de manera muy positiva.

Reprogramar tu cerebro es posible, las posibilidades son muchas, todo lo que te aflija o todos los problemas que se crucen en tu camino pueden ser superados, tu mente tiene la capacidad de adaptarse a cualquier situación. Por esto mismo, debemos tener mucha precaución, la plasticidad neuronal puede ser como un arma de doble filo, si te dejas arrastrar por la negatividad, la enfermedad y la ansiedad entonces tu cerebro será modificado y te sumirás cada vez más en la depresión y los trastornos mentales. Sin embargo, esto no significa que estás perdido, tú cerebro siempre tendrá la capacidad de subsanar los errores, no importa qué tan mal te encuentres, la mente humana es la fuerza más potente que existe en la naturaleza y con las condiciones y la ayuda adecuadas puedes lograr salir de la depresión más severa.

No podemos recalcar esto lo suficiente, pero si sientes que tienes algún problema anímico o mental acude a un médico, siempre es bueno contar con la opinión de un experto, no tienes que hacerte cargo tú solo de todos tus problemas, todos necesitamos de la ayuda de los demás, no te preocupes, seguramente encontrarás a alguien que genuinamente se interese en ti y tu bienestar. No te sientas solo, vivimos en un mundo social, esto quiere decir que se necesita de la cooperación de muchos esfuerzos para que funcione. Tú también eres parte de este mundo social y hay personas que dependen de tu trabajo o que se podrían beneficiar de lo que haces. No importa cuál sea tu situación, si estás muy deprimido, solo o sin empleo, siempre hay formas de mejorar tu vida, de acercarte a otras personas y de encontrar la manera de conseguir dinero. Lo verdaderamente esencial es que realices acciones, grandes y pequeñas, todo sirve en cuanto sea real, en cuanto salgas de tu miedo y comodidad e intentes algo nuevo. Recuerda que tu cerebro aprende con la repetición, mientras te repitas a ti mismo qué quieres cambiar y realices acciones constantes para lograrlo, irás cambiando, reprogramando tu cerebro poco a poca hasta que logres cambios sustantivos en tu forma de vida.

REFERENCIAS

Ayuso-Mateos, J. L., Vázquez-Barquero, J. L., Dowrick, C., Lehtinen, V., Dalgard, O. S., Casey, P., ... & Wilkinson, G. (2001). Trastornos depresivos en Europa: un estudio. *El Diario btitánico de psiquiatría, 179*(4), 308-316.

Cold, N. S., Gibbs, E. L., y Matheson, G. O. (2015). Neuroplasticidad en niños y sus efectos en la vida diaria. *Diario escandinavo de medicina y neurociencia, 27*(3), 266-274.

Mundkur, N. (2005). Neuroplasticidad en los niños. *El Diario Indio de Pediatría, 72*(10), 855-857.

Organización Mundial de la Salud y Unicef. (2001). Las enfermedades mentales en el mundo. *Reporte de progreso.*

Organización Mundial de la Salud. (2019). 10 amenazas a la salud mundial. *Reporte de progreso.*

Rose, J. M., y Rankin, T. (2001). Estímulos neuronales en la respuesta de animales en ambientes controlados. *Procedimientos de la Real Sociedad B:Ciencias Biológicas, 276*(1677), 4381-4388.